빌 게이츠

컴퓨터의 황제

기획 **MBC** · **C*lancer** _ 글 이여신 _ 만화 김인호

최선을 다했기에 최고가 된 빌 게이츠

〈재능 무한대〉 방송 촬영 중에 있었던 일입니다. 존경하는 위인을 표현해 보라는 과제를 낸 적이 있었어요. 4학년 남자 어린이가 측우기를 발명한 과학자 장영실을 누더기 옷을 입은 모습으로 표현했더군요. 이유를 물었지요. "재능과 노력으로 신분과 가난을 극복한 과학자라는 사실을 보여 주려고 했다"고 답하더군요. 놀랐습니다. 어린 아이가 그런 생각을 하다니. 한데 정작 부모님은 평범한 아이일 뿐이라며, "내 아이가 정말 그런 말을 했나요?"라고 되묻기까지 했어요.

그때 〈재능 무한대〉 제작팀은 '아이들이 알고 싶은 건 위인의 업적이 아니라, 어떤 재능으로 무슨 노력을 했을까 하는 점이 아닐까' 하는 생각을 했어요. 아이들의 꿈, 그 꿈을 공상이 아닌 현실로 만들려면 보다 구체적인 정보와 조언이 필요합니다. 의사, 사장, 교수가 최

고의 직업으로 선호되었던 과거와 지금은 무척 다릅니다.

〈재능 무한대〉는 수백 명 아이들과 만나고 아이들을 가까이에서 지켜보며 촬영하는 프로그램입니다. 아이들을 밀착해서 촬영하다 보니 아이들이 미래에 대한 구체적인 정보를 원하고 있다는 사실도 알았지요. 우리가 알고 있는 위인들도 만약 재능을 계발하지 않았다면 그저 평범한 일생을 살았을 겁니다.

이런 문제의식을 담아 〈재능 무한대〉를 제작했으며, 프로그램의 한 코너였던 '위인들의 재능 이야기'를 좀 더 확장해 책으로 선보입니다. '위인들의 재능 이야기' 시리즈는 누구나 위대한 인물이 될 수 있음을 보여 주는 책입니다. 만화로 간략하게 인물의 생애를 보여 줘 어린이들에게 흥미를 유도하고, 다음에는 구체적인 인물 이야기를 통해 재능을 발전시키는 과정을 보여 줍니다. 마지막에는 실제로 어린이들이 인물의 특징적인 재능을 따라 할 수 있는 활동 프로그램까지 제시합니다.

'위인들의 재능 이야기' 시리즈는 실질적 메시지를 전달하기 위해 위인의 재능 발달 지도를 보여 줍니다. 재능 발달 지도는 다중지능이론과 교육 심리 등 최근 이론을 근거로 작성했습니다. '몸으로 이해하

고 표현하는 능력', '소리로 이해하고 표현하는 능력', '그림(공간)으로 이해하고 표현하는 능력', '논리로 이해하고 표현하는 능력', '자연으로 이해하고 표현하는 능력', '언어로 이해하고 표현하는 능력' 등으로 위인의 능력을 분류했어요. 업적이 아니라 재능과 능력에 따라 위인을 나누고, 어린이들의 능력과 관심이 어느 영역인지를 견주어 보도록 말입니다.

  재능 발달 지도는 위인의 일대기가 아닙니다. 재능과 능력이 어떻게 발전해 갔는지를 알려 주는 나침반입니다. 재능 발달 지도를 보고 나는 어떤 재능이 있는지, 재능을 어떻게 계발시킬지를 스스로 고민하는 것이 목적입니다.

  서울대 교육학과의 문용린 교수는 우리나라 부모들이 너무 일찍부터 아이를 위인으로 키우는 걸 포기한다고 지적하더군요. 서울대 교육학과의 류숙희 박사도 위인의 일생을 분석해 보면 적어도 다섯 명의 멘토를 만난다고 합니다. '위인들의 재능 이야기'에 나온 인물들이 부디 우리 어린이들에게 멘토가 되길 바랍니다.

  '위인들의 재능 이야기'에서는 마이크로소프트사의 창업자 빌 게이츠를 소개합니다. 빌 게이츠는 어릴 때부터 컴퓨터 프로그램 개발을

좋아했어요. 결국 하버드 대학교를 중퇴하고 친구 폴 앨런과 함께 1975년 마이크로소프트사를 공동 설립해요. 그는 폴 앨런과 함께 개인용 컴퓨터 소프트웨어 MS-DOS를 개발했고, 이어 윈도 95를 발표했지요. 마이크로소프트사의 운영체제는 대성공을 거두었고, 빌 게이츠는 세계 최고의 부자이자 디지털 제국의 제왕으로 등극하게 돼요.

컴퓨터 황제 빌 게이츠의 오늘을 만든 원동력은 무엇이었을까요? 바로 집중력과 미래를 예측하는 능력이었어요. 빌 게이츠는 열세 살 때 학교에서 처음으로 컴퓨터를 만났어요. 흥미를 느낀 빌은 하루 종일 컴퓨터에 몰두했어요. 호기심에 컴퓨터 앞으로 모여들었던 아이들이 하나둘씩 자리를 떴지만 빌은 오히려 컴퓨터 서클을 만들며 더욱 열중했어요. 언젠가는 개인용 컴퓨터 시대가 올 거라고 예상했고, 자신의 꿈을 포기하지 않았어요.

어린이 여러분도 컴퓨터 제국의 황제 빌 게이츠를 만나면 자기 일에 최선을 다해 집중하는 태도가 얼마나 중요한지 느낄 수 있을 거예요.

〈재능 무한대〉 제작팀을 대표하여
최윤정

contents

서문·최선을 다했기에 최고가 된 빌 게이츠 _ 2
빌 게이츠 _ 8
빌 게이츠의 재능 지도 _ 10

만화로 보는 빌 게이츠 _ 12

PART 01 유년기

야구 글러브 계약 맺기 _ 36
백과사전 통째로 외우기 _ 41
보통과는 다른 아이 _ 45

PART 02 청소년기

컴퓨터와의 만남 _ 52
컴퓨터 서클과 첫 회사 _ 56

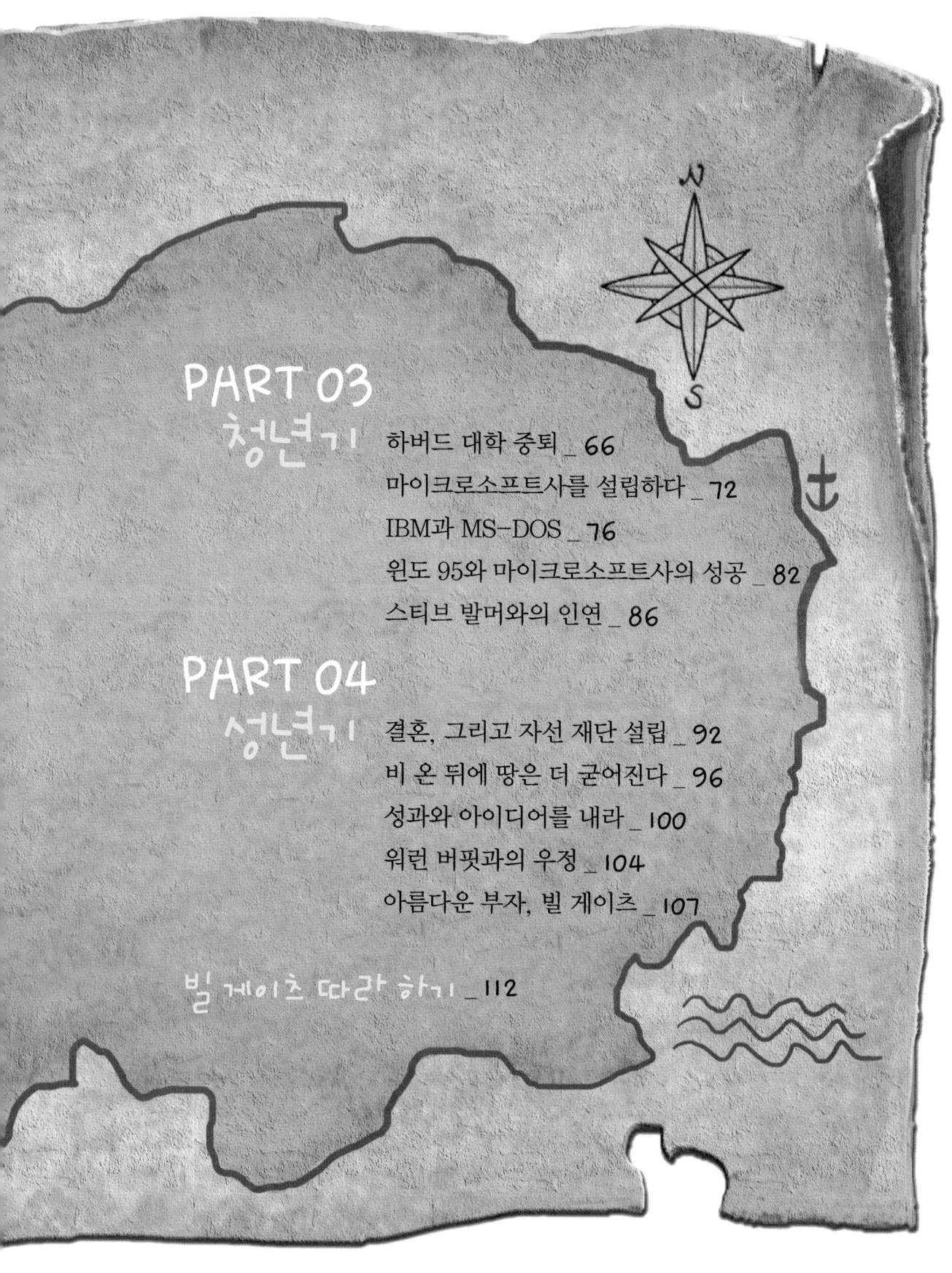

PART 03
청년기

하버드 대학 중퇴 _ 66
마이크로소프트사를 설립하다 _ 72
IBM과 MS-DOS _ 76
윈도 95와 마이크로소프트사의 성공 _ 82
스티브 발머와의 인연 _ 86

PART 04
성년기

결혼, 그리고 자선 재단 설립 _ 92
비 온 뒤에 땅은 더 굳어진다 _ 96
성과와 아이디어를 내라 _ 100
워런 버핏과의 우정 _ 104
아름다운 부자, 빌 게이츠 _ 107

빌 게이츠 따라 하기 _ 112

Bill Gates
빌 게이츠

세계 최고의 부자, 세계에서 가장 존경 받는 리더,

디지털 제국의 제왕, 컴퓨터 천재…….

바로 빌 게이츠를 따라다니는 수식어들입니다.

오늘날 전 세계의 어린이들이 가장 닮고 싶어 하는 인물인

빌 게이츠는 아직 컴퓨터가 상용화되지 않은 시절에

모든 가정에 컴퓨터를 들여놓겠다는 원대한 꿈을 실현했어요.

그가 세운 마이크로소프트사에서 컴퓨터 운영체제를 개발해

세계 소프트웨어 시장을 석권한 거예요.

그리고 서른한 살에 역사상 가장 어린 억만장자가 되었어요.

세계적인 경영자이자 세계 최고의 저술가이며

불우한 이웃을 돕는 자선사업가인 빌 게이츠의 삶은

어린이들에게 자신의 일에 최선을 다한다는 것이

얼마나 귀중한지를 잘 보여 줘요.

컴퓨터 시대를 예견하고 미리 그 시대를 주도해 나간

빌 게이츠의 열정은 모두의 귀감이 될 거예요.

재능을 살려 성공을 이끌어 낸
빌 게이츠의 재능 지도

재능 지도란 한 인물이 역경에 맞서 재능을 찾아내고 자신을 발전시킨 인생의 전환점을 시기별로 정리한 지도입니다. 빌 게이츠의 재능 지도를 보며 여러분의 재능이 무엇인지, 어떻게 발전시켜 나갈지를 함께 상상해 보세요.

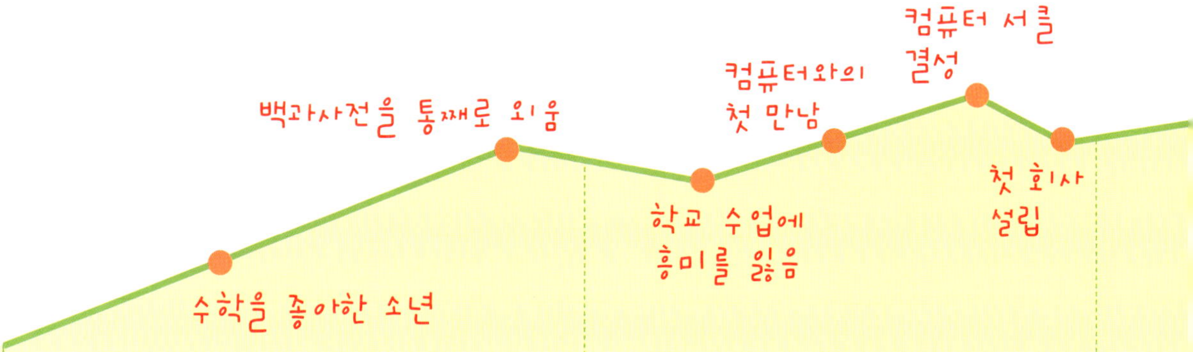

- 수학을 좋아한 소년
- 백과사전을 통째로 외움
- 학교 수업에 흥미를 잃음
- 컴퓨터와의 첫 만남
- 컴퓨터 서클 결성
- 첫 회사 설립

유년기

1955년 미국 시애틀 출생.

7세 백과사전을 외우고 수학에만 흥미를 가져요.

청소년기

13세 레이크사이드 학교에서 컴퓨터를 처음 접하게 돼요.
18세 하버드 대학교에 입학해요.

나눔을 실천하는 자선사업가

윈도 95 출시

빌&멜린다 게이츠 재단 설립

MS-DOS 개발

서른한 살의 억만장자

폴 앨런과 함께 마이크로소프트사 설립

청년기

20세 대학교를 중퇴하고 폴 앨런과 함께 마이크로소프트사를 설립해요.

25세 당시 세계 최대의 컴퓨터 회사인 IBM사로부터 PC에 사용할 운영체제 프로그램 개발을 의뢰 받아요.

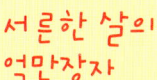

성년기

39세 멜린다 프렌치와 결혼해요.

40세 윈도 95를 출시해 PC 운영체제의 획기적인 전환을 가져와요. 발매 4일 만에 전 세계적으로 100만 개 이상의 판매 실적을 올리는 대기록을 세워요.

52세 하버드 대학교 명예 졸업장을 받아요.

53세 자선 활동에 전념하기 위해 마이크로소프트사의 경영 일선에서 물러나요.

만화로 보는 빌 게이츠

빌 게이츠는 마이크로소프트사를 설립한 세계 최고의 부자예요.
어릴 때부터 컴퓨터 프로그램 개발을 좋아했던 그는
대학을 중퇴하고 컴퓨터 사업에 뛰어들어요.
학교 공부에는 관심이 없고 엉뚱한 장난을 즐기던 빌 게이츠가
어떻게 컴퓨터의 황제가 되는지 먼저 만화로 만나 봐요.

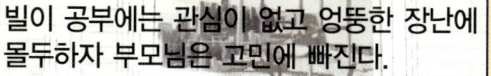

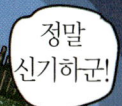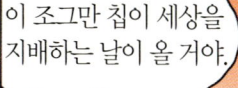

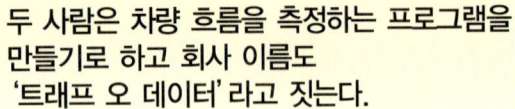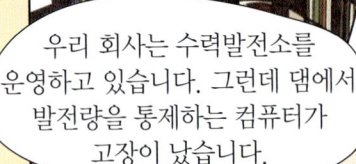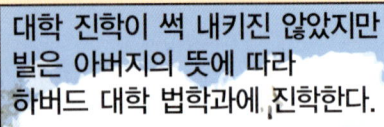

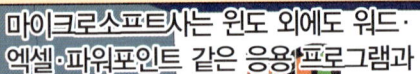

이번 일은 사장님께 직접 제안하는 게 좋겠군.

또 전 직원 누구라도 사장에게 직접 이메일을 보낼 수 있다.

보고서가 늦는다는 게 말이 되나? 밤을 새워서라도 약속을 지켰어야지!

으음...

그러나 빌 게이츠는 일할 때는 누구보다 철저하고 엄격하다.

이처럼 자유분방한 사고와 철저한 자기 관리가 있었기에 빌 게이츠는 컴퓨터 업계의 황제가 될 수 있었다.

이제 일선에서 물러난 빌 게이츠는 자선사업에만 전념하며 아이들의 좋은 아버지로 살고 있다. 우리는 과연 그를 어떻게 불러야 할까? 천재 프로그래머? 최고의 경영자? 세계 최고의 부자? 아니면 위대한 자선사업가? 어쩌면 그는 이 모든 것을 지닌 이 시대의 진정한 리더가 아닐까?

빌 게이츠의 유년기

빌 게이츠는 자신이 좋아하는 수학 시간을 제외하고는
다른 수업에 별다른 관심이 없었어요.
항상 딴생각을 하는 엉뚱한 아이였지요.
하지만 빌 게이츠는 집중력이 뛰어났어요.
한번 집중하면 먹는 것도, 씻는 것도, 자는 것도 잊어버릴 정도였어요.
그래서 어머니가 시간 계획표를 만들어 주기까지 했지요.
또한 그의 취미는 백과사전을 읽는 것이었어요.
부모님은 보통 아이들과 다른 아들이 걱정스러웠지만,
야단을 치거나 다그치지 않고 다양한 경험을 할 수 있게 해 주었어요.
자신의 재능을 반드시 살릴 것이라고 믿었지요.
호기심 많고 창의성이 뛰어났던 빌 게이츠의 어린 시절을 살펴봐요.

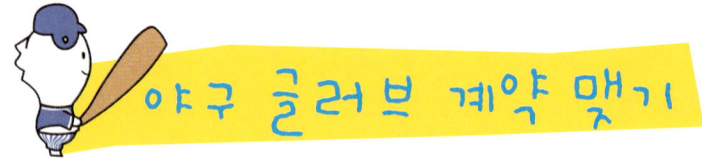
야구 글러브 계약 맺기

빌이 초등학교에 다니고 있을 때였어요. 빌에게는 두 살 위인 말괄량이 누나 크리스테인이 있었어요. 크리스테인은 야구를 아주 좋아해서 매일 야구 글러브를 끼고 야구를 했지요. 빌은 그런 누나가 무척 부러웠어요. 누나의 야구 글러브를 끼고 자신도 폼 나게 야구를 하고 싶었지요.

'나도 야구 글러브만 있으면 멋지게 공을 던질 수 있을 텐데……'

빌은 누나가 가지고 있는 야구 글러브가 항상 탐이 났어요. 누나에게 야구 글러브를 빌려 달라고 했지만, 어림없었지요. 거절당한 빌은 어린 마음에 더더욱 야구 글러브를 갖고 싶었어요.

오늘도 빌은 야구 글러브 생각을 하고 있었어요. 그런데 갑자기 쨍그랑 창문이 깨지며 야구공이 날아와 빌의 머리를 때렸어요.

"아얏! 대체 누구야?"

빌은 화가 나서 밖을 내다보았어요. 공을 던진 사람은 다름 아닌 크리스테인이었어요.

"빌, 정말 미안해. 나무로 던진다는 게 그만……."

빌은 가뜩이나 야구 글러브도 빌려 주지 않는데다 창문까지 깬 누나가 너무 미웠어요. 그래서 언젠가는 그 글러브를 자기 것으로 만들고야 말겠다고 다짐했지요.

빌 게이츠는 학창 시절부터 컴퓨터에 푹 빠져 지냈어요.
훗날 마이크로소프트사를 설립해
개인용 컴퓨터 소프트웨어 시장의 주도권을 쥐게 되지요.

그러던 빌에게 좋은 기회가 왔어요. 어느 날 밖에 나갔던 크리스테인이 급하게 집으로 뛰어 들어왔어요.
　"엄마, 어디 가셨니?"
　"왜 그래, 누나? 무슨 일인데 이렇게 호들갑이야?"
　"지금 당장 5달러가 필요해."
　순간 빌의 머리가 번뜩였어요. 빌은 얼른 자기 지갑을 열고 5달러를 꺼냈어요.
　"나도 5달러 정도는 있는데……."
　"그래? 야, 잘됐다. 그 돈 나 주라."
　"좋아, 까짓것 5달러 내가 빌려 주지. 단, 조건이 있어."
　"조건?"
　빌은 5달러를 주는 대신 자신이 원하면 언제든지 야구 글러브를 쓸 수 있는 계약을 맺자고 제안했어요. 그러고는 계약서를 꾸며 크리스테인 앞으로 가져왔지요.
　"자, 여기에 사인해. 그러면 이 돈은 누나 거야."
　크리스테인은 어이가 없었어요.
　"말도 안 돼. 엄마한테 달라고 하면 되는데, 내가 왜 이런 계약을 맺어야 해?"
　"그래? 싫으면 말고."
　빌은 다시 5달러를 지갑 속으로 집어넣었지요.
　"아니, 잠깐만……. 그러니까 네가 원할 때 내 야구 글러브를 마음

껏 쓰겠다는 거지? 그것뿐이지?"

크리스테인은 잠깐 생각했어요. 그러고는 말했지요.

"좋아, 계약을 맺을게. 얼른 돈이나 줘."

이렇게 해서 크리스테인은 빌이 내민 계약서에 사인을 하게 되었어요. 마침내 빌은 그토록 원하던 야구 글러브를 마음껏 쓸 수 있게 되었답니다.

어린 빌은 5달러를 주고 언제든지 야구 글러브를 가지고 놀 수 있는 권한을 얻었어요. 이것은 빌의 인생에서 맺은 최초의 계약이었어요.

어린 나이에 벌써 장사하는 법을 익힌 것일까요? 이 이야기를 통해 빌 게이츠는 매사가 철저하고 분명한 사람임을 알 수 있어요. 누나의 야구 글러브가 탐났던 빌은 어떻게 해야 그것을 가질 수 있을까 항상 고민했지요. 그리고 언젠가 그 기회가 오길 기다렸고, 좋은 기회가 오자 그걸 잡을 줄 알았답니다.

빌은 누나와 맺은 계약을 통해 다른 사람과의 계약이 어떤 힘을 가지고 있는지 알게 되었어요. 당장 5달러가 필요한 크리스테인은 눈앞의 이익을 위해 계약서에 사인을 했지요. 이 경험을 통해 빌 게이츠는 언제 어떤 상황에서 계약을 맺어야 하는지도 깨달았던 거예요. 이 일은 훗날 빌이 사업을 하면서 맺은 수많은 계약에 큰 영향을 끼치게 되지요.

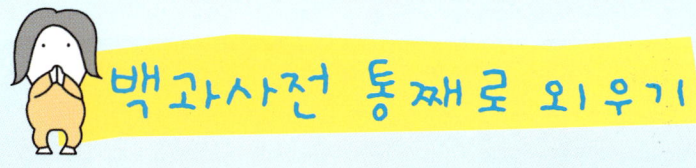
백과사전 통째로 외우기

일곱 살이 된 빌은 엄청나게 두꺼운 책과 씨름하고 있었어요. 깨알만한 글씨가 가득 적힌 백과사전을 읽고 있었거든요. 또래 아이들에게는 전혀 재미가 없는 백과사전을 빌은 왜 읽게 되었을까요?

어느 날 아버지가 엄청나게 많은 책을 가지고 왔어요.

"빌, 이리 와서 아빠 좀 도와주지 않을래?"

빌은 무거운 짐을 들고 낑낑거리는 아버지 곁으로 갔어요. 그러곤 아버지의 차에 가득 실려 있는 책을 보고 깜짝 놀랐지요.

"우와! 아빠, 이게 다 뭐예요? 무슨 책이 이렇게 많아요?"

"응, 요즘 책을 읽지 않았더니 머리가 썩는 거 같아서 읽으려고 가져왔단다."

"머리가 썩어요?"

그 말을 들은 어린 빌은 충격에 휩싸였어요. 책을 읽지 않으면 머리가 썩는다니! 그때까지 책을 제대로 읽지 않았던 빌은 머리가 썩을까 봐 갑자기 두려워졌어요.

"아빠, 저도 오늘부터 책을 읽을래요. 머리가 썩으면 어떡해요!"

"뭐라고? 녀석도 참, 하하하……."

그날 빌은 아버지의 서재에 들어가 자기가 읽을 만한 책이 있는지 살펴보았어요. 그러다가 문득 백과사전을 보았어요.

어린 시절 백과사전을 통째로 외운 빌 게이츠는
앞으로 다가올 인터넷 혁명을 주제로
『빌 게이츠@생각의 속도』라는 책을 쓰기도 했어요.
사진은 빌 게이츠가 컬럼비아 대학교에서
이 책을 주제로 강연을 하고 있는 모습이에요.

'백과사전? 바로 이거야! 내가 찾던 책이야.'

빌은 사다리를 놓고 책장 맨 위 칸에서 두툼한 백과사전을 꺼내 들었어요. 빌이 백과사전을 고른 데는 이유가 있었어요.

'책 속에는 수많은 지식이 들어 있다고 했지? 그럼 한 권씩 따로 읽을 필요가 있을까? 한꺼번에 읽으면 되지.'

그랬어요. 빌은 빨리 지식을 얻고 싶은 욕심에 모든 지식이 담겨 있을 법한 백과사전을 고른 거예요.

이날부터 빌은 백과사전을 읽어 나갔어요. 딱딱한 글자체에 글씨도 빽빽했지만, 한 장 한 장 넘길 때마다 세상의 모든 비밀이 풀리는 것 같아 얼굴이 환해졌지요. 백과사전은 이 세상 그 어느 것보다도 재밌었어요.

'좋아, A부터 Z 항목까지 모조리 외워 버리겠어.'

이렇게 해서 빌은 백과사전의 첫 장부터 외우기 시작했어요. 시 한 편 제대로 외우지 못했던 빌은 거짓말처럼 백과사전을 달달 외워 버렸어요. 길을 걸을 때도, 밥을 먹을 때도 빌은 백과사전을 외웠어요. 그런 빌을 보고 동네 아이들은 미친 게 아닐까 생각하기도 했어요. 항상 이상한 놀이를 만들던 빌이었으니 그렇게 여길 만도 하지요.

빌의 부모님도 속이 탔어요. 백과사전을 읽는 데만 정신이 팔려 있으니 걱정이 이만저만이 아니었지요.

백과사전을 다 외운 빌은 《나폴레옹 전기》를 꺼내 들었어요. 다음 목표로 위인전을 몽땅 읽어 버리자는 것이었지요. 이렇게 책을 좋아한 빌은 '책 읽기 대회'가 열리면 항상 1등을 차지했어요. 학교 성적과는 거리가 멀었지만, 빌은 전혀 개의치 않았답니다.

한번은 이런 일도 있었어요. 교회 목사님이 어려운 성경 구절을 외우는 사람에게 상을 주겠다고 한 것이에요. 그 상이 탐난 빌은 성경 구절을 외우기로 결심했어요. 빌의 친구들은 그런 빌을 보고 키득거렸어요. 장난이나 치고 성적도 좋지 않은 빌이 1주일 안에 그 어려운 성경 구절을 외울 리 없다고 생각한 것이지요.

그런데 이게 어떻게 된 일일까요. 1주일 뒤 빌은 가장 먼저 손을 들고 앞으로 나섰어요. 그러고는 한 단어도 틀리지 않고 외워 목사님을 깜짝 놀라게 했답니다.

빌 게이츠는 지금도 독서광으로 알려져 있어요. 집에서 그가 가장 아끼는 장소는 도서관이라고 해요.

빌 게이츠가 독서광이 된 것은 부모님의 가르침 때문이에요. 그는 '자라나면서 부모님은 항상 내게 많이 읽고 다양한 주제에 대해 생각하도록 격려했다'고 회상하고 있답니다.

또한 빌은 금방 싫증을 낸 반면, 한번 무언가에 빠져 집중하면 그 열정이 대단했어요. 열중하면 먹는 것도, 씻는 것도, 자는 것도 잊어버렸어요. 그래서 빌의 어머니는 날마다 입을 옷과 먹을 것을 적은 시간 계획표를 짜야 했대요. '한번 시작한 일은 끝까지 완벽하게 하자'는 마음가짐이 있었기에 빌 게이츠는 자신이 원하는 분야에서 세계 최고가 될 수 있었답니다.

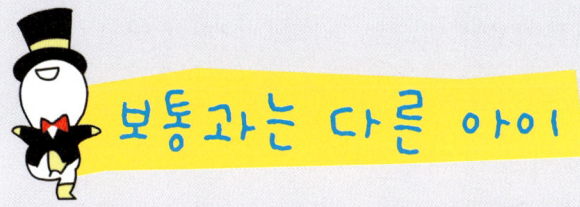

보통과는 다른 아이

　선생님은 조용하게 시를 읽고 있는 학생들 사이에서 키득키득 웃고 있는 빌을 보았어요. 오늘도 빌은 수업에 집중하지 않고 딴생각을 하고 있었던 거예요.
　'저 녀석 또 엉뚱한 상상을 하고 있는 모양이군. 안 되겠어. 오늘은 따끔하게 혼내 줘야지.'
　화가 난 선생님은 빌을 일으켜 세웠어요.
　"빌, 지금 배운 시를 외워 보거라."
　선생님 말씀을 듣고 있지 않았기에 당연히 외울 수가 없었지요. 하지만 빌은 조금도 주저하지 않았어요. 교과서에 나와 있는 대로 시를 외우지 않고 자신만의 상상으로 읊었어요. 아이들은 까르르 웃었지요.
　수업 시간은 빌 때문에 엉망진창이 되어 버렸어요. 선생님은 참다 못해 빌의 어머니에게 전화를 했어요.
　"빌 때문에 도저히 수업을 할 수 없습니다. 매번 엉뚱한 소리를 해서 수업 분위기를 망치지요. 어머님의 지도가 필요합니다."

빌의 부모님은 깜짝 놀랐지요. 그래서 빌을 불러 타일렀어요.

"빌, 수업 시간에는 선생님의 말을 잘 들어야 한단다. 선생님이 질문하면 잘 대답해야지."

"전 대답할 수가 없어요. 7 더하기 9가 뭐냐고 묻는데, 어떻게 바로 대답해요? 왜 16이 되는지 먼저 생각해야죠. 생각할 시간도 주지 않고 당장 대답하라는 선생님이 잘못된 거 아닌가요?"

그 말을 듣고 빌의 부모님은 할 말을 잃었어요. 무슨 일이든 진지하게 생각하라고 가르쳤기 때문이에요.

빌은 윗옷 끝까지 단추를 채우고 바지를 바싹 추켜올려 입고 학교에 다녔어요. 더구나 또래보다 체구가 작아 아이들에게 놀림을 당하기 일쑤였지요. 하지만 빌은 재치 있는 농담으로 선생님들을 골려 주었기 때문에 수업 시간을 웃음바다로 만들곤 했어요.

엉뚱한 놀이도 잘했어요. 그중 빌이 가장 즐겨 했던 건 상자 놀이예요. 상자 속에 몸을 숨기고 있다가 아이들이 상자를 수상히 여겨 안을 들여다보려고 모이면 갑자기 튀어나오는 놀이지요. 동네 아이들은 처음에 깜짝 놀랐지만, 그 뒤로 상자만 보면 당연히 그 속에 빌이 있을 거라고 생각했어요.

학교 수업에 흥미를 느끼지 못한 빌은 3·4학년 때까지 반 친구들과 보조를 맞추지 못했어요. 전교 1등을 하는 누나와 달리 빌은 학교에 적응하지 못했고, 성적은 늘 바닥이었어요. 하지만 이런 빌이 가장 좋아하는 과목이 있었어요. 바로 수학이었어요. 수학은 항상 A학

1977년 스물두 살 무렵의 빌 게이츠.
그는 또래보다 체구가 작았지만
늘 엉뚱한 농담과 놀이를 즐겼어요.
학교 성적은 좋지 않았지만 수학 실력은 뛰어났어요.

점을 받았답니다.

　빌의 부모님은 빌이 공부를 못한다고 해서 야단치지 않았어요. 빌의 말을 들어 주고 항상 고개를 끄덕였지요.

　어느 날 빌은 아버지와 함께 시애틀에서 열리는 국제박람회에 갔어요. 그곳에서 빌은 과학관을 보고 입을 다물지 못했어요. 여태껏 상상만 해 온 세계가 펼쳐져 있었으니까요. 그날 저녁 식사 시간에 빌은 들떠서 자신이 과학자가 될 거라고 얘기했어요. 빌의 부모님은 그런 아들을 사랑스러운 표정으로 바라보았어요. 그리고 빌에게 틀림없이 멋진 과학자가 될 거라고 말해 주었지요.

　빌은 여전히 학교에서 말썽을 피웠어요. 급기야 교장 선생님에게서 전화가 왔어요. 그러자 빌의 부모님도 더 이상 가만있을 수가 없었지요. 어쩔 수 없이 빌을 아동상담소로 데리고 갔어요. 빌이 어떤 생각을 하고 있는지 궁금했던 거예요.

　상담소에 간 빌은 눈이 휘둥그레졌어요. 책장에 수많은 책이 꽂혀 있었거든요. 빌은 그곳이 무척 마음에 들었어요. 상담하는 날은 책을 볼 수 있기 때문에 그날만 손꼽아 기다렸지요. 자신이 그곳에 왜 가야 하는지는 전혀 신경 쓰지 않았어요.

　상담소 선생님은 빌과 많은 이야기를 나누었어요. 그리고 1년 동안 빌을 상담한 선생님은 부모님에게 이렇게 말했답니다.

　"빌은 아주 독특한 아이입니다. 하고 싶은 일을 하게 내버려 둔다면 아주 훌륭하게 자랄 겁니다."

그 말을 듣고 부모님은 빌에게 다양한 경험을 할 수 있게 해 주었어요. 정말로 빌이 좋아하는 것을 찾도록 해 주기 위해서였지요.

어쩌면 어린 시절의 빌 게이츠는 구제 불능 소년이라고 할 수 있어요. 장난만 치고 학교 성적이 좋지 않았으니까요. 하지만 빌의 장난기와 산만함 속에는 남다른 재능이 숨겨져 있었어요. 빌은 늘 새로운 도전거리를 찾아냈고, 정복의 기쁨을 만끽하고 있었던 거지요. 빌 게이츠 자신만의 세계가 있었던 거예요.

또 그런 아들을 다그치지 않고 잘 다독여 준 부모님도 훌륭한 분들이에요. 학교 공부만이 전부가 아니라는 것을 일깨워 주었으니까요. 그런 부모님이 있었기에 빌은 자신이 진정으로 원하는 것을 찾을 수 있었어요.

빌 게이츠의 청소년기

시애틀의 명문 사립학교인 레이크사이드로 전학한 빌 게이츠는
여전히 더벅머리에 딴생각을 하는 별난 학생이었어요.
이때 빌은 자신보다 두 살이 많은 폴 앨런을 만나 단짝 친구가 되는데
훗날 이들은 마이크로소프트사를 공동으로 세우게 된답니다.
그러던 어느 날 빌은 학교 강당에 전시되어 있는 컴퓨터를 보고
자신을 주체할 수 없을 정도로 푹 빠지게 돼요.
그 뒤로 빌은 컴퓨터 서클을 만들어 새 프로그램을 짜고
비상금을 털어 회사를 차리는 등 온통 컴퓨터 생각뿐이었지요.
혼자 힘으로 컴퓨터 프로그래밍을 터득할 만큼 열정적이었던 그는
평생 컴퓨터와 관련된 일을 하겠다고 다짐하게 됩니다.
컴퓨터와의 만남이 빌 게이츠를 어떻게 변화시켰을까요?

컴퓨터와의 만남

1967년 열두 살이 된 빌은 달라져 있었어요. 항상 장난칠 궁리만 하던 빌의 표정은 온데간데없고 잔뜩 주눅이 들어 있었지요. 왜 그렇게 되었냐고요?

그동안 정들었던 학교를 떠나 시애틀에서 가장 유명한 사립학교인 레이크사이드로 전학을 왔기 때문이에요. 빌의 부모님은 시애틀의 상류층에 속했기 때문에 아들의 미래를 위해 이곳으로 전학시켰어요.

엄격하기만 한 레이크사이드 학교에 온 빌은 하나도 기쁘지 않았어요. 예전 학교에서는 비록 선생님에게 꾸중을 많이 듣긴 했어도 빌의 장난을 좋아하는 친구들이 있었거든요. 하지만 이곳에서 장난을 친다는 것은 상상할 수도 없었어요.

이 학교에서 빌은 당연히 열등생이 되었어요. 빌은 여전히 선생님 말에 귀 기울이지 않고 딴생각을 하기 일쑤였어요.

학교 수업에 흥미를 잃고 아이들에게도 따돌림을 당하던 빌은 자신처럼 수학과 과학만 지독하게 좋아하는 아이들과 어울렸어요. 물론 그 아이들 역시 빌과 마찬가지로 인기가 전혀 없는 부류였어요.

이때 빌은 컴퓨터 천재인 폴 앨런을 만나게 돼요. 폴은 빌보다 두 살이 많았지만, 둘은 단짝 친구가 되지요. 훗날 폴은 빌과 함께 마이크로소프트사를 공동으로 세우게 된답니다.

빌 게이츠가 열두 살 때 전학 온 시애틀의 명문 사립학교 레이크사이드.
이곳에서 빌은 컴퓨터 천재이자 훗날 사업 파트너가 된 폴 앨런을 만나요.

그렇게 지내기를 1년, 빌의 인생을 뒤바꿔 주는 사건이 일어나요.
어느 날 같은 반 친구가 헐레벌떡 뛰어와 빌 앞에 섰어요.

"빌! 소문 들었니? 우리 학교 맥 앨리스터 홀에 이상한 기계가 들어왔다지 뭐야."

"이상한 기계? 그게 뭘까?"

호기심이 발동한 빌은 그 말을 듣자마자 맥 앨리스터 홀로 달려갔어요. 거기서 난생처음 들어 보는 기계음이 흘러나왔어요. 그 기계는

레이크사이드 학교에 컴퓨터가 들어오면서
빌 게이츠의 인생은 큰 변화를 겪어요.
빌은 하루 종일 컴퓨터에 몰두하며 시간 가는 줄 몰랐어요.

괴상한 소리를 내며 끊임없이 글자를 찍어 내고 있었어요.

그때 누군가 외쳤어요.

"맞아, 저건 컴퓨터야. 컴퓨터라고……."

"컴퓨터? 우리 학교에 컴퓨터가 있었어? 컴퓨터 한 대 값이 얼마나 비싼데…… 그런 게 학교에 있을 리 없어."

당시만 해도 사람들은 컴퓨터가 뭔지 잘 몰랐어요. 컴퓨터가 막 발명된 시기였거든요. 당시 컴퓨터는 가격도 비쌌지만 크기도 엄청나게 커서 방 하나를 차지했지요.

빌은 컴퓨터를 보자마자 가슴이 뛰었어요. 컴퓨터를 향해 빨려 들어가는 자신을 주체할 수가 없었지요. 이렇게 빌은 컴퓨터와 운명적으로 만나게 되었답니다.

그 후 빌은 더 이상 학교가 싫지 않았어요. 자신이 있어야 할 곳을 찾았기 때문이지요. 바로 컴퓨터가 있는 맥 앨리스터 홀이었어요. 빌은 하루 종일 컴퓨터에 몰두했어요.

레이크사이드 학교에서 컴퓨터에 대해 가장 많이 알고 있는 사람은 수학 선생님이었어요. 하지만 수학 선생님은 아이들에게 컴퓨터 사용법을 설명하는 데 10분밖에 걸리지 않았어요. 그만큼 컴퓨터에 대한 지식이 없었기 때문이지요. 컴퓨터에 빠져 있는 빌에게 선생님의 강의는 만족스럽지 못했어요.

빌은 곧 수학 선생님의 컴퓨터 지식을 따라잡았어요. 그리고 혼자 설명서를 공부해 컴퓨터에 시험해 보았어요. 그 당시에는 컴퓨터를

실행시키려면 사용자가 직접 프로그램을 짜야 했어요. 즉 복잡한 컴퓨터 언어를 익혀야 했지요.

"뭐가 이렇게 어려워. 간단한 계산을 하기 위해 더 복잡한 프로그램을 짜야 한다니……. 쳇, 난 집에 갈래."

처음에 컴퓨터에 관심을 가졌던 아이들도 짜증을 내며 하나둘씩 자리를 떴어요. 얼마 지나지 않아 맥 앨리스터 홀에는 정말로 컴퓨터에 미친 아이들만 남았어요.

세계적인 컴퓨터 천재는 이렇게 처음으로 컴퓨터와 인연을 맺었어요. 레이크사이드 학교에서 빌은 자기 인생에서 중요한 인연을 만나게 돼요. 바로 소중한 친구 폴 앨런과 컴퓨터지요. 폴 앨런은 학창 시절부터 마이크로소프트사를 정상의 자리에 올려놓을 때까지 항상 빌 게이츠의 옆에 있었어요.

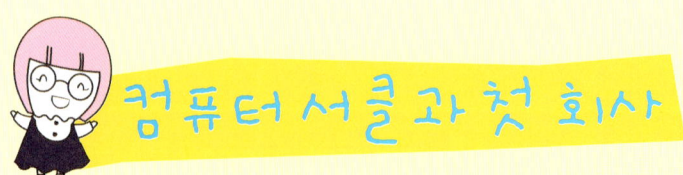

컴퓨터 서클과 첫 회사

컴퓨터에 미쳐서 맥 앨리스터 홀에 남은 아이들은 컴퓨터 서클을 만들기로 했어요. 빌은 그중 막내였어요.

이튿날 아침, 빌은 일찍 일어나 거실에서 아버지를 기다렸어요. 아침 식사를 한 뒤 거실에 들어온 아버지는 안절부절못하는 빌을 보고 왠지 불안했어요.

"빌, 왜 그러니? 할 말이라도 있는 거니?"

"저…… 실은 아버지와 상의할 게 있어요."

평소와 달리 조심스러워 하는 빌을 보고 아버지는 더욱더 불안했어요. 그도 그럴 것이 빌은 항상 말썽을 일으켰으니까요.

"혹시 선생님께 실례되는 일을 했니? 아니면 같은 반 친구를 괴롭혔던가. 설마 여학생을 괴롭힌 건 아니겠지?"

"휴, 아버지는 아직도 저를 장난꾸러기로만 생각하고 계시는군요."

"아니, 아니다. 네가 보통 때와 달라 보여서 말이야. 그래, 할 말이란 게 뭐냐?"

"제가 다음 주 월요일에 학교에서 서클 하나를 만드는데요, 괜찮을지 모르겠어요."

"서클? 공부에 지장만 주지 않으면 괜찮겠지. ……그런데 뭐하는 서클이니?"

"컴퓨터요."

순간 아버지는 당황했어요. 1960년대에 컴퓨터는 흔치 않은 첨단 기기였기 때문이지요. 아버지는 빌이 좀 더 그럴싸한 서클에 가입하기를 바랐지만, 빌의 진지한 태도를 보고 마음을 고쳐먹었어요.

"그래, 네가 원한다면 그렇게 하려무나. 근데 뭐가 걱정이지?"

"이 서클에는 레이크사이드에서 컴퓨터에 관한 한 내로라하는 학생들만 가입하거든요. 그것도 고학년만요. 제가 그 서클에 들어가 창피를 당하지나 않을까 걱정돼요. 그럴 바엔 아예 안 들어가는 게 낫지 않을까 해서요."

"빌, 걱정하지 마라. 네가 하고 싶은 일이라면 아버지는 대찬성이란다."

빌은 아버지의 말을 듣고 용기를 얻었어요.

이렇게 해서 빌은 훗날 마이크로소프트사를 함께 일군 폴, 에반스, 바일랜드 같은 이들과 컴퓨터 서클을 만들게 돼요.

컴퓨터 서클 아이들은 하루 종일 컴퓨터에 매달렸어요. 시간 가는 줄 모르고 새로운 프로그램을 짜는 데 열중했지요. 빌은 너무나 행복했어요.

그런데 이렇게 컴퓨터에 빠져 있던 빌에게 좋지 않은 소식이 들려왔어요. 학교의 예산이 바닥나 컴퓨터 사용료를 받기로 했다는 거예요. 컴퓨터를 한 시간 동안 사용하려면 무려 8달러를 내야 했어요. 학생들에게는 어마어마한 액수였지요. 빌과 친구들은 어디 가서 컴퓨터를 쓸 수 있을지 난감했어요. 하늘이 무너지는 기분이었지요.

그러던 어느 날 행운의 편지 한 통이 학교로 날아들었어요. 그것은 C-큐브드라는 컴퓨터 회사 설립자가 보낸 편지였어요.

'레이크사이드 학생들이 컴퓨터에 관심이 많다고 들었습니다. 만약 그 학생들이 우리 회사에서 개발한 프로그램을 테스트해 주고 잘

컴퓨터를 마음대로 쓸 수 있다니…, 꿈만 같아!

빌 게이츠는 한 컴퓨터 회사의 프로그램을 테스트해 주는 조건으로 밤마다 마음껏 컴퓨터를 쓰며 실력을 쌓아 가요.

못된 점을 찾아 준다면, 우리 회사의 컴퓨터를 마음껏 쓸 수 있도록 해 주겠습니다.'

그 소식을 전해 들은 빌은 뛸 듯이 기뻤어요.

"이제 공짜로 컴퓨터를 마음껏 쓸 수 있어!"

빌과 컴퓨터 서클 친구들은 가슴이 벅찼지요.

레이크사이드 컴퓨터광들은 당장 C-큐브드로 달려갔어요. 그 이후로 빌의 마음은 온통 C-큐브드사에 가 있었어요. 밥을 먹을 때도, 수업을 할 때도 어서 시간이 가기만을 기다렸어요. 그리고 한밤중이 되면 빌과 친구들은 바삐 움직였어요.

"빌! 여기야, 여기! 어서 가자."

"조금만 더 빨리 가자. 그러면 컴퓨터를 더 많이 쓸 수 있어."

이렇게 빌은 폴과 함께 늦은 밤부터 새벽까지 C-큐브드사에서 컴퓨터를 만졌어요. C-큐브드에서는 직원들이 퇴근하고 나면 자유롭게 쓸 수 있었거든요.

그날 이후로 빌은 학교에서 꾸벅꾸벅 졸기 일쑤였어요. 새벽에야 집에 돌아오니 잠자는 시간이 턱없이 부족했던 거예요. 그리고 저녁이 되면 다시 눈이 초롱초롱 빛났어요.

빌은 C-큐브드사 프로그래머들이 버린 쓰레기조차 소중하게 여겼어요. 그들이 퇴근하면 빌은 쓰레기통을 뒤져 그들이 버린 종잇조각을 모아 공부했어요.

C-큐브드사에서 일을 끝낸 빌과 폴은 야심 찬 계획을 세우게 돼요.

자신들의 회사를 만들자는 것이었어요. 그때 폴은 대학에 진학한 상태였고, 빌은 고등학교 3학년이었어요.

폴은 컴퓨터 부품인 마이크로칩을 들고 와 빌에게 말했어요.

"빌, 아무리 생각해도 대단하단 말이야. 이 조그만 칩이 컴퓨터를 움직이다니 말이야."

"맞아. 언젠가는 이 칩이 세상을 지배하는 날이 올 거야."

"우리가 그날을 앞당겨 보는 건 어때?"

이렇게 해서 빌과 폴은 회사를 차릴 결심을 하게 되었지요.

빌은 비상금 360달러로 마이크로칩을 사 컴퓨터를 만들고 새 프로그램을 짰어요.

회사를 차린 빌과 폴은 어떤 일을 시작해야 할지 고민했어요. 생각에 잠겨 있던 빌이 갑자기 소리쳤어요.

"폴, 차량의 흐름을 측정하기 위해 도로에 고무호스를 깔아 놓는 거 알지? 그걸 자동으로 계산하는 프로그램이 있다면 번거로움을 없앨 수 있지 않을까?"

이렇게 해서 그들은 회사 이름을 교통 자료를 포착한다는 뜻으로 '트래프 오 데이터'라고 지었어요. 바로 빌이 세운 첫 회사였어요. 빌은 자신이 만든 교통 분석 장치를 전 세계에 보급하겠다는 기대감에 부풀었어요. 하지만 세상은 호락호락하지 않았어요. 그들이 학생 신분임을 안 회사들은 아예 상대하지도 않으려 했답니다. 빌과 폴은 어려움에 처했어요. 회사는 곧 문을 닫아야 하는 지경이었지요.

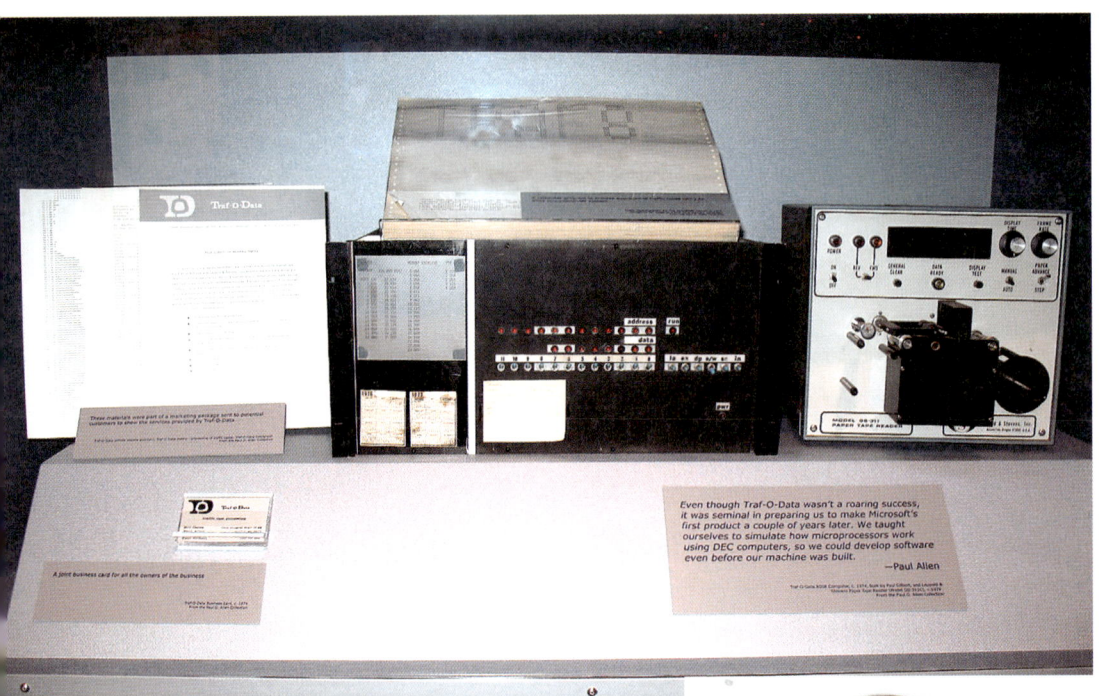

빌 게이츠가 세운
'트래프 오 데이터'라는
첫 회사가 만든 교통 분석 장치(위)와
친구이자 사업 파트너인 폴 앨런(아래).

그런데 수력발전소를 운영하는 TRW사에서 빌을 찾아왔어요.

"우리 회사의 컴퓨터 문제를 해결해 줄 수 있나 해서 왔어요. 나이는 중요하지 않다고 봅니다."

TRW는 태평양 북서 지방의 댐들을 감시하고 조정하는 일을 하는 회사였어요. 그런데 전력량과 발전량을 통제하는 컴퓨터가 고장이 나자 이 문제를 해결해 줄 수 있는 사람을 찾았던 거예요.

빌과 폴은 그 일을 멋지게 해냈어요. 일을 끝낸 빌과 폴은 훗날 컴퓨터 소프트웨어 회사를 차리자고 약속했어요. 그리고 그들은 다시 학교로 돌아갔어요.

아버지는 빌에게 컴퓨터에 도전해 보라고 용기를 주었어요. 빌은 아버지의 격려를 받으며 컴퓨터와 인연을 맺었지요. 당시의 빌은 엄청난 용기를 낸 거예요. 서클에 가입해 망신을 당할 수도 있고, 뛰어난 학생들과의 경쟁에서 창피를 당할 수도 있었어요. 하지만 너무나 하고 싶은 일이었기에 용기를 내어 서클을 만들었어요. 만약 그런 용기가 없었다면, 오늘날의 빌 게이츠는 탄생하지 못했을 거예요.

빌 게이츠의 청년기

아버지의 뜻에 따라 하버드 대학교에 입학한 빌 게이츠는
여전히 학교 공부보다 컴퓨터에 더 관심이 많았어요.
그리고 레이크사이드 학교에 다니면서 알게 된 폴 앨런과 함께
최초의 개인용 컴퓨터인 알테어용 프로그래밍 언어를 개발했어요.
이 일로 자신이 해야 할 일을 분명하게 깨달은 빌 게이츠는
대학 2학년 때 학업을 중단하고 마이크로소프트사를 설립해요.
그는 모든 사무실과 가정에서 컴퓨터를 사용하게 될 거라 확신하며
PC용 소프트웨어를 개발하기 시작해
컴퓨터 업계에 일대 혁명을 불러일으켰어요.
이후 전 세계 컴퓨터 시장을 지배하는 기업으로 성장하기까지
빌 게이츠는 마이크로소프트사를 어떻게 발전시켰을까요?

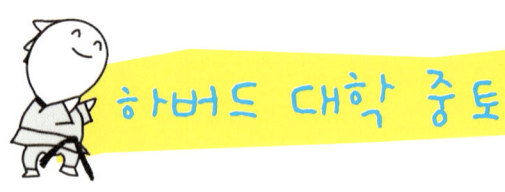

하버드 대학 중퇴

1973년 가을, 빌의 집에 편지 세 통이 날아들었어요. 편지를 뜯어 읽은 빌의 어머니는 기쁨을 감추지 못했어요.

"빌, 이리 와 보렴. 프린스턴·예일·하버드 대학에서 모두 자기네 학교 장학생으로 와 달라는구나."

하지만 빌은 전혀 기쁘지 않았어요. 빌의 머릿속은 온통 컴퓨터로 꽉 차 있었기 때문이지요. 그의 절친한 친구 폴은 빌의 권유로 이미 하니웰사에 근무하고 있었어요. 그랬기에 빌도 자신의 진로에 대해 고민하고 있었거든요.

빌이 마음을 정하지 못하자 아버지는 빌을 설득했어요.

"빌, 컴퓨터는 나중에라도 얼마든지 할 수 있단다. 난 네가 하버드 대학에 진학해 나처럼 법률가가 되었으면 좋겠구나."

결국 빌은 아버지의 뜻에 따라 하버드 대학교에 가게 되었어요. 하지만 빌은 수업을 빼먹고 하루 종일 컴퓨터 실험실에 앉아 자신의 프로젝트를 연구했어요. 빌은 예전처럼 자신이 좋아하는 과목에서만 좋은 성적을 받고 나머지 과목은 아예 무시해 버렸어요.

빌이 가장 좋아한 과목은 수학이었어요. 그래서 처음에 법학과로 진학했지만, 수학과로 진로를 바꿨답니다. 빌은 수학과 1학년 때 이미 대학원 수준의 수학 과목을 수강하기 시작했고, 거의 A학점을 받았어요.

빌 게이츠는 아버지의 뜻에 따라 하버드 대학교 법학과에 진학해요.
하지만 여전히 컴퓨터 실험실에서 대부분의 시간을 보냈어요.

하버드 대학교에 다니면서 빌은 훗날 마이크로소프트사를 크게 일군 스티브 발머를 만나게 돼요. 그는 빌과 크게 달랐지만, 둘 다 수학을 좋아하고 잘한다는 공통점이 있었지요. 빌에게 스티브는 폴 앨런만큼이나 중요한 친구였어요.

시간이 지나자 빌은 곧 하버드 대학에 싫증이 나기 시작했어요. 그리고 폴과 함께 소프트웨어 회사를 차리겠다는 약속을 이루게 될 날을 손꼽아 기다렸어요.

마침내 빌은 운명적인 순간을 맞게 돼요. 빌을 만나러 온 폴이 돌아가던 중 우연히 하버드 대학 교정에서 사진 한 장을 보게 되었어요. 〈파퓰러 머캐닉스〉지의 1면에 새로운 마이크로컴퓨터인 MITS사의 알테어 8800이 커다랗게 실려 있었던 거예요.

폴은 그것을 집어 곧장 빌에게 뛰어갔어요.

"빌, 이것 좀 봐! 8800 컴퓨터가 개발됐어. 우리가 컴퓨터 언어를 개발해야 해."

그 사진을 보자 빌은 망치로 머리를 얻어맞은 것 같았어요. 가슴이 두근거렸지요. 하지만 부모님의 얼굴이 떠올랐어요.

"안 돼. 난 부모님의 기대를 저버릴 수 없어."

"날 하니웰사에 취직시킨 건 너잖아. 이제 와서 무슨 소리야. 함께 소프트웨어 회사를 설립하자던 우리의 꿈을 잊어버린 거야?"

알테어 8800 컴퓨터는 책상 위에 올려놓을 수 있는 최초의 개인용 컴퓨터(PC)예요. 빌은 언젠가 개인용 컴퓨터 시대가 올 거라고 예상

하버드 대학교에 다니던 시절 빌 게이츠가 잡지에서 본 MITS사의 알테어 8800. 최초의 개인용 컴퓨터인 알테어 8800이 개발되었다는 소식에 빌은 잠시 접었던 꿈을 다시 펼치게 돼요.

했고, 마침내 그 컴퓨터가 탄생한 것이지요. 알테어 컴퓨터는 불티나게 팔렸어요. 모두들 자신의 컴퓨터를 갖는다는 데 흥분했지요.

그 사진을 본 뒤로 빌은 잠이 오지 않았어요. 폴의 말도 귓가에 계속 맴돌았어요. 오랜 고심 끝에 빌은 마음을 굳혔어요.

빌은 폴과 함께 알테어 8800 컴퓨터를 개발한 MITS사의 에디 로버츠 사장을 만나려고 했어요. 그리고 어렵게 그를 만날 수 있었어요.

"그래, 나를 보자고 한 이유가 뭔가?"

"저희는 컴퓨터에 미쳐 있는 학생입니다."

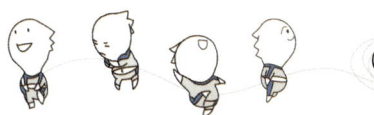

빌 게이츠는 MITS사의 에디 로버츠 사장을 만나 이미 베이직 프로그램을 개발했다고 큰소리를 쳐요. 허풍이었지만 빌은 8주 후 세계 최초로 소프트웨어 언어인 베이직을 만들어 내지요.

"또 그 얘기……. 하루에도 수십 번씩 자네들 같은 사람이 찾아오지."

"저희는 다릅니다. 저희는 알테어 컴퓨터에 맞는 베이직 프로그램을 개발했습니다."

그 말에 로버츠 사장은 들고 있던 잔을 떨어뜨렸어요.

"뭐라고? 그게 정말인가?"

당시 알테어 컴퓨터는 본체만 있고, 그것을 사용할 수 있는 프로그램 언어는 개발되지 못한 상태였어요.

"그게 사실이라면 당장 내가 그 프로그램을 사겠네."

"알겠습니다. 3주 뒤에 가져다드리죠."

하지만 아직 빌은 그 프로그램을 개발하지 못한 상태였어요. 폴은 로버츠 사장 앞에서 호언장담한 빌이 어처구니없었지요.

"빌, 어쩌려고 그런 거짓말을 했어? 이제 우린 어떡하지?"

"어떡하긴…… 3주 안에 개발하면 되지."

이렇게 MITS사에 프로그램을 만들어 주겠다고 약속한 빌은 하버드 대학교의 에이켄 컴퓨터 센터에 있는 중앙 컴퓨터를 완전히 장악해 버렸어요. 빌과 폴은 알테어 8800 컴퓨터를 가지고 있지 않았기 때문에 오직 잡지 기사에 나와 있는 작동법만 가지고 연구할 수밖에 없었어요.

두 젊은이는 1975년 2월과 3월 사이에 미친 듯이 컴퓨터 프로그램을 개발했어요. 그리고 마침내 베이직 프로그램을 완성했답니다. 8주 동안 매달린 결과 개인용 컴퓨터를 위한 세계 최초의 소프트웨어 언

어 베이직을 완성한 거예요. 빌은 자신이 만든 소프트웨어 중 가장 좋아하는 것이 바로 8800 컴퓨터용 베이직 프로그램이라고 말하곤 해요.

이 일을 계기로 빌은 하버드 대학교를 중퇴하고 폴과 함께 어린 시절의 꿈을 이루게 돼요. 폴과 함께 마이크로소프트사를 설립하게 된 거예요. 1975년 하버드 대학교를 중퇴하고 마이크로소프트사를 창업할 당시 빌은 스무 살에 불과했어요.

이렇게 해서 그 유명한 마이크로소프트사가 설립되었어요. 만약 빌이 어릴 적 꿈을 묻어 버리고 하버드 대학을 계속 다녔다면 어떻게 되었을까요? 물론 또 다른 멋진 삶을 살게 되었을지도 몰라요. 하지만 빌은 과감하게 결단을 내림으로써 자신의 꿈을 실현했어요. 이처럼 빌에게는 결단력이 있었어요.

마이크로소프트사를 설립하다

"이봐, 빌. 아웃코퍼레이티드라는 이름 어때?"
"아웃코퍼레이티드? 글쎄, 난 언리미티드가 좋은데?"

"언리미티드라……."

화창한 봄날 빌과 폴은 머리를 맞대고 열띤 토론을 벌이고 있었어요. 바로 자신들이 세울 회사의 이름을 짓고 있었던 것이지요. 이렇게 빌은 더 좋은 컴퓨터 프로그램을 만들기 위한 첫발을 내디뎠답니다.

그들이 떠올린 이름으로는 마이크로소프트 외에도 아웃코퍼레이티드, 언리미티드 등이 있었어요. 결국은 마이크로소프트라고 지었지만요.

회사 이름을 정한 빌과 폴은 뉴멕시코에 자리를 잡았어요. 그리고 레이크사이드 학교의 컴퓨터 서클에서 같이 어울렸던 옛 친구들을 수소문해 불러들였어요.

"드디어 우리가 다시 모였군."

"빌, 난 네가 해낼 줄 알았다."

"우리 함께 컴퓨터 왕국을 세워 보자고."

친구들은 하나같이 기뻐하며 마이크로소프트에 들어왔어요. 빌은 가슴이 벅차올랐답니다.

회사를 세운 빌은 고향에 계신 부모님이 먼저 떠올랐어요. 하버드 대학교를 그만둔다고 할 때 자신의 선택을 믿어 주었기 때문이지요.

빌은 회사를 세울 때 부모님의 도움을 받지 않았어요. 부모님에게 돈을 빌릴 수도 있었지만, 그러지 않고 혼자 힘으로 일어섰어요. 대학교를 그만두고 다른 길을 간 자신의 선택이 옳았음을 증명하려는 것이었지요. 빌은 부모님에게 성공한 모습을 보여 드리겠다고 다짐

1978년 마이크로소프트사의 직원들이 한자리에 모였어요.
앞줄 왼쪽 끝이 빌 게이츠, 오른쪽 끝이 폴 앨런이에요.

했어요.

 빌과 폴, 그리고 친구들은 형식에 얽매이지 않고 자유롭게 일했어요. 특히 빌이 가장 열심이었어요. 시간을 아끼기 위해 햄버거로 끼니를 때웠고, 며칠씩 밤을 지새워 항상 더벅머리였답니다. 어쩌다 집에 들어가도 컴퓨터와 씨름했어요. 회사를 세운 뒤로 5년 동안 3일씩 두 번 쉰 게 휴식의 전부였다고 해요.

 처음에는 회사를 꾸려 가기가 쉽지 않았어요. 그도 그럴 것이 빌은 불과 스물한 살이었거든요. 폴은 빌보다 두 살이 많았지만, 나이가 어리긴 마찬가지였어요.

 그러다 보니 재미있는 이야기도 있어요.

 마이크로소프트사에 새로 들어온 한 직원이 어느 날 빌의 사무실로 향하는 새파란 청년을 보았어요. 그는 낭상 그 청년을 붙잡았지요.

 "이봐요! 거긴 사장님 방이에요. 함부로 들어가선 안 됩니다."

 "저…… 제가 빌 게이츠인데요."

 직원은 이 더벅머리 청년이 사장이라는 사실을 알고 깜짝 놀랐어요.

 비록 나이는 어리지만, 빌의 능력을 알아본 많은 회사에서 빌에게 일을 맡겼어요. 그래서 빌과 폴은 역할을 나누었어요. 폴은 신기술과 신제품을 개발하는 데 집중했고 빌은 새로운 사업과 협상, 계약을 맺는 데 힘을 쏟았어요. 회사를 세우고 1년 6개월쯤 지났을 때에는 애플 컴퓨터와 코모도에 쓰이는 프로그램을 만들어 수십만 달러를 벌어들였지요.

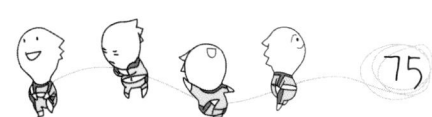

빌 게이츠는 머릿속에 비전을 가지고 있었어요. 컴퓨터가 세상을 어떻게 바꿔 놓을지 알았거든요. 누구나 자신의 컴퓨터를 갖게 될 날이 올 거라고 확신했지요. 그리고 자신이 그 중심이 되려 했어요. 컴퓨터만큼은 누구에게도 뒤지지 않을 자신감이 있었기 때문이지요. 빌은 자신의 선택을 믿었고, 혼자 힘으로 그 꿈을 실천했어요. 자신감과 열정, 의지가 있었기에 가능한 일이었어요.

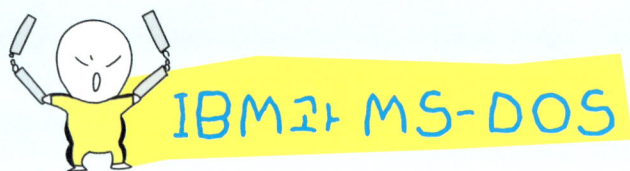

IBM과 MS-DOS

1980년의 어느 날이었어요. 빌의 사무실에 전화벨 소리가 요란하게 울렸어요.

"빌 게이츠 사장님 계십니까?"

"누구신가요?"

"네, 여기는 IBM사입니다."

빌은 깜짝 놀라 하마터면 수화기를 떨어뜨릴 뻔했어요. IBM은 세계 최대의 컴퓨터 회사였거든요. 그런 회사에서 만나자고 연락해 오다니! 그날 저녁 빌은 한숨도 자지 못했어요.

그 이튿날 정장을 차려입은 남자 두어 명이 마이크로소프트사를 찾아왔어요.

"빌 게이츠 사장님을 뵈러 왔습니다만……."

"제가 안내해 드리지요."

IBM사 사람들은 면바지에 꼬깃꼬깃한 셔츠를 입은 마른 청년을 따라 사무실로 들어갔어요. 그러고는 이 청년이 빌 게이츠임을 알고는 놀라움을 감추지 못했어요.

컴퓨터 역사에 한 획을 긋게 되는 빌 게이츠와 IBM의 첫 만남은 이렇게 이루어졌답니다.

"저를 찾아온 용건이 무엇인가요?"

"우리 회사에서 개인용 컴퓨터를 만들었는데, 이번에 만들려고 하는 것은 16비트 개인용 컴퓨터입니다. 이 컴퓨터에 쓰일 운영체제를 만들어 주셨으면 합니다."

16비트라는 말을 들은 빌은 흥분했어요. 당시에 16비트 컴퓨터라면 아주 혁신적인 것이었거든요. 그뿐 아니라 그 일이 성공하면 회사가 아주 커질 것이기 때문이었지요. 마침내 빌에게 큰 기회가 온 것이에요.

빌은 정신을 가다듬었어요. 당시 마이크로소프트사는 운영체제를 갖고 있지 않았고, 그것을 개발할 시간도 없었어요. 하지만 이 기회를 놓칠 순 없었지요.

빌의 대답은 아주 간단했어요.

"좋아요. 당장 하겠습니다."

IBM의 일을 맡은 빌은 폴과 함께 어떻게 정해진 시간 안에 운영체제를 만들 것인가를 놓고 고민에 빠졌어요.

　　"이번 기회에 우리의 능력을 세상에 보여 줘야 해. 하지만 시간이 너무 부족해."

　　평소에 차분한 폴도 이번만큼은 안절부절못했어요. 자칫하다간 일생일대의 기회를 놓칠지도 모르니까요. 밤을 꼬박 샌 빌이 갑자기 의자에서 벌떡 일어섰어요.

　　"바로 그거야! 폴, 자네 시애틀 컴퓨터의 팀 패터슨이라는 친구 알지?"

　　"Q-DOS를 개발했다는 그 친구?"

　　"그래, 우리가 Q-DOS를 사들여 손을 보면 어떨까?"

　　빌은 서둘러 시애틀 컴퓨터를 찾아갔어요. 그리고 팀 패터슨에게 Q-DOS를 5만 달러에 사겠다고 했어요. Q-DOS는 아직 완성되지 않은 컴퓨터 운영체제라 찾는 사람이 많지 않았어요. 그런데 5만 달러를 주겠다니, 팀 패터슨은 흔쾌히 수락했어요.

　　빌은 그것을 사들여 문제점을 하나씩 보완해 나갔어요. 이미 만들어져 있는 것을 다듬기란 한결 수월했지요.

　　이렇게 해서 빌은 IBM에서 의뢰한 운영체제를 완성시켰답니다. 그 프로그램이 바로 MS-DOS예요.

　　그런데 빌은 또다시 고민에 빠졌어요. MS-DOS를 완성했지만, 그 소유권을 IBM에 넘길 수는 없었기 때문이에요. 빌은 MS-DOS를 찾는 컴퓨터 회사가 많아질 거라고 판단했어요. 그래서 소유권만 가지

빌 게이츠가 운영체제를 만든 IBM의 16비트 개인용 컴퓨터. 당시 빌이 만든 MS-DOS는 전 세계 컴퓨터 회사에서 사용하면서 표준 운영체제로 자리 잡았어요.

고 있으면, IBM 컴퓨터뿐만 아니라 다른 수많은 컴퓨터에도 MS-DOS를 설치할 수 있게 되는 거지요. 다행히도 IBM사는 컴퓨터에만 관심이 있을 뿐 소프트웨어에는 관심이 없었어요.

얼마 후 MS-DOS를 설치한 IBM 컴퓨터는 불티나게 팔려 나갔어요. 업계 1위가 된 IBM사는 축제 분위기였어요. 하지만 그들보다 더 기뻐하는 사람이 있었으니, 바로 빌이었어요.

1992년 서른일곱 살의 빌 게이츠.
MS-DOS의 소유권을 IBM에 넘기지 않은 빌 게이츠의 판단 덕분에
마이크로소프트사는 크게 도약해요.

"두고 보라고. 이제 수많은 컴퓨터 회사에서 우리 MS-DOS를 쓰려고 줄을 설 테니……. 조만간 우리 회사가 IBM의 매출을 따라잡을 거야."

빌의 예상은 맞아떨어졌어요. MS-DOS는 컴퓨터 업계에 혁명을 일으켰어요. 이전까지의 모든 운영체제는 자취를 감추었고, 전 세계의 100여 개 회사에서 이 프로그램을 사들였어요. 하루아침에 MS-DOS는 컴퓨터 산업의 표준이 되어 버렸어요.

마이크로소프트사는 밀려드는 주문으로 24시간 바쁘게 돌아갔어요. 그리고 회사는 돈을 주체할 수 없는 지경에 이르렀답니다.

빌은 미래를 예측했기 때문에 자신에게 찾아온 기회를 잡을 수 있었어요. 세계 최대의 컴퓨터 회사와 파트너가 된 마이크로소프트사는 한 단계 도약하게 되었지요.

IBM에서 전화를 걸어 와 이튿날 만나자고 했을 때 빌은 재빨리 컴퓨터 게임 회사와의 약속을 변경했어요. 이 결정은 빌을 억만장자로 만들었어요. 자신에게 다가올 기회를 눈치챈 빌은 기회를 잡을 줄 알았던 거지요. 지금도 빌은 항상 이렇게 말한답니다.

"가장 중요한 일은 변화를 정확하게 예측하는 것이다. 이러한 변화를 놓치거나 좋은 인재를 잃는 것이야말로 우리에게 가장 위험한 일이다."

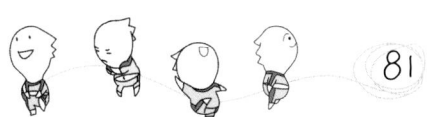

윈도 95와 마이크로소프트사의 성공

1990년 서른다섯 살이 된 빌은 맨해튼 시립 중앙 극장에서 여전히 더벅머리를 하고 사람들 앞에 섰어요. 잔뜩 모인 사람들의 눈은 호기심으로 반짝였어요.

"이 프로그램으로 컴퓨터에서 그림을 볼 수 있고 마우스만 움직일 수 있으면 컴퓨터를 실행시킬 수 있습니다."

마침내 역사적인 컴퓨터 운영체제인 윈도가 첫선을 보인 것이에요. 이날 빌은 새로 개발한 윈도 3.0을 사람들에게 소개했어요. 온 세상이 떠들썩해졌어요. 신문과 잡지에는 빌의 얼굴이 실렸고요.

윈도 프로그램은 여태까지의 컴퓨터를 새로운 차원으로 끌어올렸어요. 윈도 3.0은 그래픽을 갖추었고, DOS(도스)의 한계를 뛰어넘은 제품이었어요.

마이크로소프트의 윈도 3.0은 대성공을 거두었어요. 4개월 만에 100만 개가 팔려 나간 인기 상품이 되었어요. 사람들은 자신의 컴퓨터에서 MS-DOS를 없애고 윈도 3.0을 설치했어요.

하지만 빌은 여기서 멈추지 않았어요. 하루가 다르게 변하는 컴퓨터 시장에서 살아남으려면 계속해서 신제품을 개발해야 했어요. 5년 뒤에는 윈도 3.0의 기능을 뛰어넘는 윈도 95를 내놓았어요. 이어 1998년에는 윈도 98을 내놓았지요. 이렇게 해서 빌은 '디지털 왕국의 컴퓨터 황제'라 불리게 되었어요. 더불어 세계 최고의 부자가 되었지요. 세계에서 가장 유명한 경제 잡지인 〈포춘〉의 '세계 부자들' 순위에서 빌은 11년 내내 1등이었답니다.

1990년대는 빌의 전성기였어요. 수많은 소프트웨어 회사가 있었지만, 윈도의 개발로 마이크로소프트사의 경쟁 상대는 사라졌어요. 마이크로소프트사의 제품들이 전 세계 컴퓨터 시장을 지배하게 된 거지요.

마이크로소프트사가 제공하는 제품은 윈도 말고도 무척 많아요. 워드·엑셀·파워포인트 같은 응용 프로그램, SQL·익스체인지·SNA·SMS 같은 서버 제품으로 생산성 향상에 기여하고 있답니다. 이처럼 마이크로소프트사는 항상 선두를 달리는 기술과 제품을 전 세계에 보급하고 있어요. 요즘은 '손가락 하나로 모든 정보를' 이라는 모토 아래 이동통신 분야에 활발히 투자하고 있지요.

그런데 빌 게이츠가 실수한 것이 하나 있었어요. 바로 인터넷이었어요. 인터넷은 1994년 컴퓨터 시장에 등장했어요. 빌은 인터넷에 흥미를 갖지 않았어요. 인터넷이라는 건 먼 미래에나 가능한 일로 여겨졌기 때문이었어요.

"사장님, 앞으로는 인터넷이 컴퓨터 시장을 장악할 겁니다. 우리도 인터넷 사업을 시작해야 하지 않을까요?"

많은 직원들이 빌에게 인터넷 사업을 시작하자고 말했어요. 하지만 빌은 외면했어요.

"인터넷은 돈이 되는 사업이 아니야. 컴퓨터 사용자들은 아직 인터넷을 사용할 준비가 안 되어 있다고. 두고 봐, 조만간 인기가 사그라질 테니……."

하지만 빌의 생각이 틀렸다는 것이 곧 드러났어요.

어느 날 아침, 빌의 사무실에서는 물건을 집어 던지는 소리가 요란하게 났어요. 신문을 읽던 빌이 화가 나서 사무실 안에 있는 물건을 닥치는 대로 집어 던지고 있었던 거예요.

"이럴 수가! 내가 왜 인터넷을 외면했지?"

신문에는 스탠퍼드 대학교 교수인 짐 클라크와 스물세 살의 청년 마크 앤드리슨 이야기로 가득했어요. 이 둘은 혜성처럼 나타나 인터넷 시장의 최강자가 되었던 거예요. 짐과 마크는 인터넷 소프트웨어로 마이크로소프트사라는 거인을 뛰어넘겠다는 야심을 품고 넷스케이프라는 회사를 설립하게 돼요. 그리고 소리 소문도 없이 인터넷으로 컴퓨터 시장의 70퍼센트를 차지했어요.

인터넷은 아주 빠른 속도로 컴퓨터 시장을 점령해 나갔지요. 그때서야 빌은 자신이 아주 큰 실수를 했다고 깨달았어요. 잘못을 깨달은 빌은 바로 인터넷 사업에 뛰어들었어요. 그렇게 해서 만들어진 것이 인터넷 익스플로러예요.

많은 사람들이 마이크로소프트사가 인터넷 시장에서 실패했다고 비웃었어요. 하지만 빌은 아랑곳하지 않았어요. 반드시 승리할 자신이 있었기 때문이에요. 마이크로소프트사는 윈도 프로그램을 사는

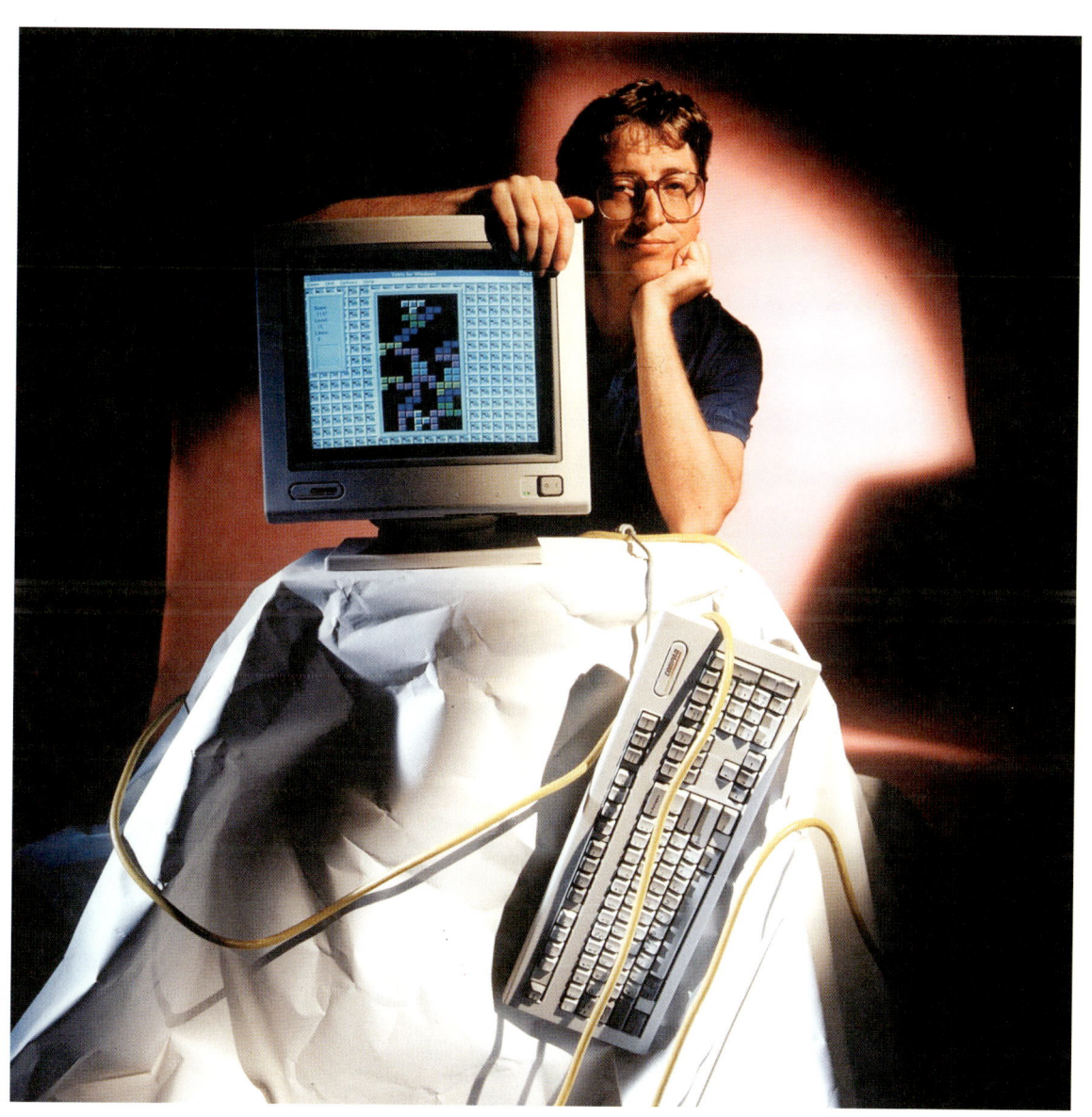

빌 게이츠는 MS-DOS에 만족하지 않고
쉽고 편안한 컴퓨터 운영체제인 윈도를 선보여요.

사람들에게 인터넷 익스플로러를 공짜로 나눠 주는 방법으로 시장을 점령해 나갔어요. 그 결과 지금은 마이크로소프트사가 인터넷 시장까지 차지하게 되었답니다.

빌 게이츠는 컴퓨터가 호기심 많은 사람의 장난감으로 취급되던 시절에 베이직을 사용할 수 있게 하여 컴퓨터의 개념을 바꿔 놓았어요. 그리고 전 세계에서 사용하고 있는 실제적인 표준 PC 운영체제인 윈도로 컴퓨터 사용 환경을 표준화 시켰어요. 자신이 하고 싶어 하는 일에 최선을 다했기에 얻은 결과예요.

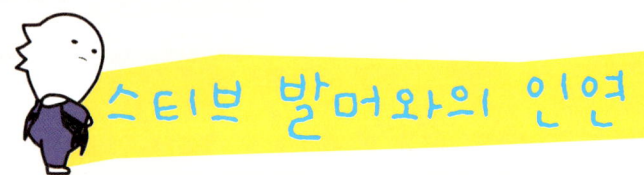

스티브 발머와의 인연

마이크로소프트사는 나날이 커졌어요. 많은 사람들이 흥미로운 프로젝트를 가지고 매일 회사를 찾아왔지요. 회사는 빗발치는 수요를 감당할 수 없는 지경에 이르렀어요. 빌은 덩치가 커진 회사를 체계적으로 이끌어 갈 인재가 필요했어요.

이때 빌의 머릿속에 하버드 대학 시절 절친했던 친구인 스티브 발머가 떠올랐어요. 빌은 1학년 때 기숙사에서 스티브를 처음 만났어요. 스티브는 내성적이었던 빌과 많이 달랐어요. 그는 하버드 대학교

신문 광고부장이자 사교 모임의 핵심 멤버였어요.

"빌, 어서 나와. 나랑 같이 사교 모임에 가자."

"난 그런 데 고리타분해서 싫은데……."

"방에 처박혀 책만 읽지 말고 사람들도 만나야지."

빌은 그런 모임에 가기 싫었지만, 좋아하는 친구의 부탁이라 어쩔 수 없이 따라갔지요. 스티브는 하버드에서 유일한 단짝 친구였으니까요.

빌과 스티브는 대학원 과정의 경제학 이론 수업을 함께 들었어요. 수학 과목에서 둘 다 뛰어났거든요. 하지만 무척 어려운 수업이라 밤을 새워 공부해야 했어요.

"우리는 수학을 전공하기 때문에 경제학 시험에 유리하지 않을까?"

"맞아, 우리는 수학의 본질을 이해하고 있지만 경제학과 학생들은 그렇지 않아. 그들이 불쌍한 걸."

"맞아, 하하하. 그럼 우리가 그들보다 뛰어난 거지?"

비록 시험 점수는 형편없었지만, 그들은 서로를 다독이며 공부했어요. 그러면서 우정을 키워 나갔지요.

그 뒤 빌은 학교에 다니지 않았지만, 스티브는 하버드 대학교를 졸업한 뒤 P&G사에 들어가 실력을 인정받았어요. 빌은 그런 스티브의 경영 능력을 높이 샀어요. 그래서 자신의 회사로 와 달라고 부탁했어요. 그를 회사로 끌어들이기 위해서는 무진 애를 써야 했지요.

결국 마이크로소프트사에 들어온 스티브는 빌에게 충고를 아끼지

87

대학 시절 빌 게이츠의 친구이자
마이크로소프트사의 경영을 책임지고 있는 스티브 발머.

않았어요.

어느 날 스티브가 빌을 찾아왔어요.

"이봐 빌, 아무래도 지금 상태로는 안 되겠어."

"그게 무슨 소리지?"

"지금 우리 회사 직원은 고작 서른 명 아닌가!"

"무슨 문제라도 있나?"

스티브는 밀려드는 회사 일을 소화하려면 직원 50명을 더 뽑아야

한다고 설득했어요.

"그건 절대 안 돼. 위험한 짓이야!"

빌은 뛰어난 인재 몇 명만 있으면 회사를 키울 수 있다고 생각했거든요. 하지만 스티브는 물러서지 않았고, 결국 빌이 졌어요. 마이크로소프트는 스티브의 말대로 직원을 뽑았고, 회사는 더욱 커졌답니다.

스티브가 들어온 뒤 30명도 안 되었던 직원이 약 5만 명으로 늘어났어요. 연간 매출도 1,250만 달러에서 200억 달러 이상으로 증가했지요. 스티브 덕분에 마이크로소프트사는 전문적으로 경영되는 회사로 탈바꿈했답니다. 이렇게 해서 마침내 2000년에 스티브는 빌 게이츠의 뒤를 이어 마이크로소프트의 최고경영자가 돼요.

빌 게이츠에게는 두 명의 소중한 인연이 있어요. 동료이자 파트너인 폴 앨런과 스티브 발머예요. 폴은 기술적인 면에서 도와주었고, 스티브는 회사의 경영을 책임졌어요. 스티브 역시 빌을 좋아했기 때문에 그에게 아낌없는 충고를 했어요. 서로 의견이 맞지 않아 다투기도 했지만, 빌은 공과 사를 구분할 줄 알았어요. 빌 게이츠는 스티브 발머와 30년 동안 우정과 사업의 파트너였어요. 좋은 인연을 만난 것도 오늘날의 빌 게이츠를 있게 한 원동력이랍니다.

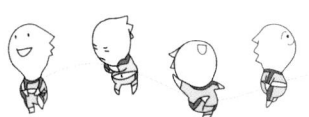

빌 게이츠의 성년기

이제 마이크로소프트사는 세계 제일의 컴퓨터 회사가 되었어요. 마이크로소프트사의 윈도가 없는 컴퓨터는 상상할 수도 없지요. 그런데 2008년 빌 게이츠는 33년간 이끌어 오던 회사를 떠나 기부 사업으로 제2의 인생을 시작했어요.
공공 도서관을 짓고, 장학금을 주고, 빈곤층을 돕는 등 사회사업에 헌신하면서 세상 사람들에게 '나눔'을 실천했지요.
세계 최고의 부자인 그는 돈을 아름답게 쓸 줄 알았어요.
빌 게이츠가 사람들에게 더욱 존경 받는 이유도 그 때문이랍니다.
자신의 꿈을 이룬 뒤 사회사업가가 되어 맹활약하는 빌 게이츠의 성년기를 함께 살펴봐요.

결혼, 그리고 자선 재단 설립

빌 게이츠는 서른한 살에 억만장자가 되었어요. 그러자 세상 사람들은 이 부자 청년이 누구와 결혼할지에 관심이 쏠렸어요. 주변 사람들은 결혼하라고 재촉했지만, 빌은 결혼할 생각조차 못할 만큼 바빴어요. 컴퓨터 제왕이 되었지만, 해야 할 일이 무척 많았거든요.

그러다가 서른여덟 살이 되었을 때 멜린다 프렌치를 만나게 돼요. 그녀와는 1987년에 열린 회사 야유회에서 처음 만났어요. 그녀는 컴퓨터를 공부하고, 마이크로소프트사에서 일하고 있었어요. 두 사람은 서로에게 호감을 느꼈고, 결국 결혼하게 되었답니다. 이제 빌도 행복한 가정을 꾸리게 되었어요.

빌의 결혼을 가장 반긴 것은 직원들이었어요. 점심을 먹을 때조차 빌은 회사 이야기만 했기 때문에 직원들은 항상 긴장해야 했어요. 언제 자신에게 질문이 날아들지 모르니까요. 하지만 빌이 결혼한 뒤로는 가정이나 아이 이야기를 하며 식사할 수 있었지요.

멜린다는 지혜로운 여성이었어요. 빌이 회사 일을 하면서 올바른 결정을 내릴 수 있게 도와주었지요. 그리고 결혼한 뒤에도 마이크로소프트사에서 계속 일했답니다.

그런데 두 사람이 결혼하기 1년 전인 1993년, 빌과 멜린다는 아프리카로 여행을 가게 되었어요. 그곳에서 두 사람은 큰 충격을 받았어요.

빌 게이츠와 그의 부인 멜린다가 2006년 캐나다 토론토에서 연설하고 있어요.

아프리카 여인들이 신발도 신지 않고 뜨거운 사막을 걷고 있었던 거예요. 그리고 많은 아이들이 빵 한 조각을 못 먹어 굶어 죽고 있었어요.

멜린다는 눈물을 흘리며 빌에게 말했어요.

"저 아이들이 너무 불쌍해요. 아이들이 무슨 죄가 있어서 저런 고통을 받아야 하죠?"

빌 게이츠와 멜린다는 어마어마한 재산을
병과 굶주림에 시달리는 사람들을 돕는 데 쓰겠다고 마음먹었어요.
이들은 '빌&멜린다 게이츠 재단'을 만들고
재산 중 95퍼센트를 사회에 환원하겠다고 약속했어요.

"그러게 말이오. 만약 우리 아이가 저런 지경에 놓여 있다고 상상만 해도 가슴이 터질 것 같구려."

미국으로 돌아온 빌은 아프리카에서 본 처참한 광경이 뇌리에서 지워지지 않았어요.

그 뒤 빌은 자신의 어마어마한 재산을 어떻게 관리하고 사용할지, 훗날 자신의 아이들에게 얼마나 물려줘야 할지 고민했어요. 이제 빌은 자신의 돈을 어떻게 써야 할지 깨달았어요. 그래서 멜린다에게 자신의 고민을 털어놓았지요. 그러자 멜린다는 빌을 격려했어요.

"빌, 우리 아이들에게 그런 큰돈은 필요 없어요. 지금도 우리는 아주 잘살잖아요. 그 돈을 이 세상에서 필요로 하는 곳에 쓰는 게 어떨까요?"

"당신도 내 생각과 같구려."

"사람들은 당신에 대해 1퍼센트밖에 모르고 있어요. 이제 당신의 99퍼센트를 보여 줄 때예요."

빌과 멜린다는 자선사업을 하기로 마음먹었어요. 전염병과 굶주림으로 죽어 가는 아프리카 아이들을 돕기 위해 자선 재단을 만들었어요. 빌과 멜린다의 이름을 따서 '빌&멜린다 게이츠 재단'이라고 이름 지었지요.

빌 부부는 자선 재단을 만든 뒤 가진 인터뷰에서 이렇게 말했어요.

"우선 저개발국 어린이들을 전염병에서 해방시킬 것입니다. 단돈 25센트가 없어서 홍역이나 말라리아로 죽어 가는 아이들…… 바로

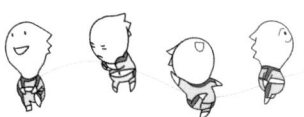

그 아이들의 생명을 구하는 것이 우리의 목표입니다."

이들 부부는 무려 14억 4,000만 달러를 들여 아프리카 아이들을 도왔고, 그 노력은 결실을 맺었어요. 질병과 굶주림으로 죽을 뻔했던 수많은 아프리카 아이들이 빌의 도움으로 새 생명을 얻었답니다.

빌은 세상 사람들에게 '나눔'이 무엇인지를 보여 주었어요. 그는 자신의 재산 중 95퍼센트를 사회에 되돌려 주겠다고 국민들에게 약속했어요. 한 신문에 기고한 칼럼에서 그는 이렇게 말했어요.

'나는 사회의 재산을 관리하는 집사에 불과하다. 인류 역사에서 중요하고도 희망찬 시기에 이 같은 집사 역할을 맡는 것은 대단한 명예이자 기쁨이다.'

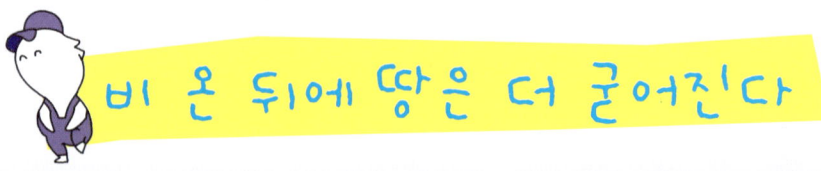

비 온 뒤에 땅은 더 굳어진다

1998년의 어느 날, 승승장구하던 마이크로소프트사에 긴장감이 돌았어요. 빌은 벌겋게 상기된 얼굴로 회의실을 왔다 갔다 했지요. 대체 무슨 일이 생긴 것일까요?

"미국 정부가 우리 회사를 상대로 반독점 소송을 걸었습니다."

독점은 어떤 상품이나 서비스의 공급을 한 회사가 점유하는 것을 말해요. 미국 정부는 마이크로소프트사가 컴퓨터 운영체제 분야에서 시장을 장악하기 위해 옳지 못한 방법을 썼다고 주장했어요. 특히 마이크로소프트사가 인터넷 시장에 진출하면서 기존 업체인 넷스케이프를 망하게 만들었다고도 했지요.

이 소식을 들은 마이크로소프트사 직원들은 절망에 빠졌어요. 이러다 회사가 망하는 건 아닌지 모두가 걱정했지요. 빌은 화가 나 가만히 있을 수가 없었어요. 도대체 무슨 근거로 정부가 그런 주장을 하는지 알 수 없었지요.

"이렇게 앉아서 당하지만은 않겠어. 우리 회사는 정당했다고!"

그리고 얼마 뒤 재판이 열렸어요. 빌은 법정에 나가 마이크로소프트사의 정당함을 알렸어요.

집에 돌아온 빌은 진정할 수가 없었어요. 자신이 일궈 온 마이크로소프트사가 한순간에 문을 닫을 수도 있기 때문이었어요. 혹여 말실수를 하지나 않았는지 불안해서 견딜 수가 없었지요.

며칠 뒤 정부로부터 마이크로소프트사를 둘로 나누라는 명령이 내려왔어요. 한쪽은 소프트웨어를, 한쪽은 나머지 사업을 맡으라는 것이었지요. 그렇게 되면 기술 개발을 할 수 없기 때문에 빌은 받아들일 수 없었어요. 그래서 다시 소송을 제기했고, 결국 재판에서 승리했답니다.

이 일을 계기로 마이크로소프트사는 대대적인 정비에 들어갔어요. 세

빌 게이츠는 그 이름을 모르는 사람이 없을 정도로 성공했지만 만족하지 않고 윈도 2000, 윈도 XP 등 새로운 제품을 선보였어요.

상으로부터 쏟아지는 비난에 맞서려면 이전보다 더 노력해야 했어요.

"여러분, 우리는 물러나지 않을 것입니다. 우리가 이룬 성과는 놀라운 것들이었습니다. 우리가 힘을 합치면 어떤 어려움도 헤쳐 나갈 수 있습니다."

빌은 풀이 죽어 있는 직원들을 격려했어요. 그리고 스스로 더욱 열심히 일했지요. 그러한 노력으로 직원들은 신제품 개발에 열중할 수 있었어요. 그 결과 1998년부터 2001년까지 신제품이 쏟아져 나왔어요. 세상을 또다시 놀라게 한 윈도 98과 윈도 2000, 윈도 XP가 그것이었어요.

그리고 마이크로소프트사는 새로운 시장으로 눈을 돌리게 돼요. 빌은 오래 전부터 비디오 게임기 시장에 진출할 계획을 세워 놓았는데, 이제 실행하기로 한 것이에요.

"여러분, 전 세계 모든 가정의 거실에 우리 마이크로소프트사의 게임기가 놓이게 될 것입니다. 그걸 한번 상상해 보세요. 가슴이 벅차오르지 않습니까?"

빌은 X박스라는 게임기를 개발하기 위해 드림 팀을 만들었어요. 그리고 소니사에서 개발한 게임기인 플레이스테이션을 누르기 위해 노력했어요. 마침내 2000년 X박스가 출시되었어요. X박스의 개발은 지금도 계속되고 있답니다.

빌 게이츠에게는 '뛰어난 프로그래머' 보다 '뛰어난 전략가' 라는

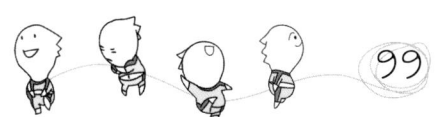

말이 더 잘 어울려요. 그는 자신에게 주어진 기회를 성공으로 연결시키는 능력이 뛰어났어요. 또한 그는 지는 것을 싫어해서 목표를 이루기 위해 전념하는 열정이 넘쳤어요. 일에 대한 열정이 지나치면 가끔 주변 사람들을 피곤하게 만들기도 해요. 하지만 그런 노력이 오늘의 마이크로소프트를 있게 했어요. 위기가 닥쳐도 결코 좌절하지 않고 그 속에서 기회를 찾는 힘, 그리고 일에 대한 열정, 그것은 빌 게이츠가 성공할 수밖에 없는 이유랍니다.

성과와 아이디어를 내라

"아니, 저기 사장님이잖아! 음악 소리 좀 낮출까?"
"놔둬, 한두 번 있는 일도 아닌데 뭐……."
마이크로소프트사의 사무실은 요란하기로 유명해요. 음악이 크게 틀어져 있기도 하고, 여기저기 수많은 책과 음식물이 널려 있기도 해요. 그뿐만이 아니에요. 인라인스케이트를 타고 사무실을 돌아다니는 직원도 있어요.

빌은 가끔씩 직원들이 일하는 사무실에 들렀어요. 직원들이 어떻게 일하는지 보기 위해서였어요. 하지만 사장이 들어왔다고 긴장하는 직원은 한 명도 없었어요. 시끄러운 음악을 듣기도 하고 게임에 열중하는 직원도 있지만, 빌은 신경 쓰지 않았거든요. 아이디어를 내는 데 도움이 된다면 오히려 환영했어요. 그래서 직원들은 편한 옷차림으로 사무실에서 일했고, 원한다면 여행도 갈 수 있었어요.

빌이 직원들에게 강조하는 것은 단 한 가지였어요. 좋은 아이디어와 성과를 내라는 것. 자기가 원하는 방식으로 일하되 좋은 성과를 내는 것, 그것이 빌의 생각이었어요.

좋은 성과를 낸 직원에게는 그에 맞는 대우를 해 주었어요. 월급 외에도 두둑한 보너스를 주었고, 마이크로소프트사의 주식을 주기도 했어요. 그래서 좋은 성과를 낸 직원들을 백만장자로 만들어 주었답니다.

반면 근무 태도와 상관없이 성과를 내지 못한 직원에게는 엄격했어요. 나이가 아무리 많아도 성과를 내지 못하면 빌에게 창피를 당하기 일쑤였지요. 심지어 빌은 책을 집어 던지기까지 했답니다.

빌이 성과를 중시한 것은 경쟁에서 살아남기 위해서였어요. 컴퓨터의 발달과 함께 수많은 컴퓨터 소프트웨어 회사가 생겨났어요. 이 시장에서 선두를 유지하려면 남들보다 앞서 나가는 수밖에 없었던 거예요.

직원들은 성과를 내기 위해 열심히 일했어요. 자정이 넘어서도 마이크로소프트사의 전등은 꺼질 줄 몰랐어요. 빌은 스스로 모범을 보였어요. 마이크로소프트사에서 가장 많이 일한 사람은 빌 자신이었다고 해요. 빌은 하루에 네댓 시간만 자고 일했답니다.

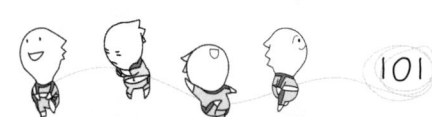

빌은 직원들에게 종종 이렇게 말했어요.

"당신이 긴장을 늦추지 않고 최선을 다해 열심히 일하지 않는다면, 이 회사는 당신이 일할 자리가 아닙니다."

마이크로소프트사의 모든 직원은 평등했어요. 그래서 누구든지 빌에게 이메일을 보낼 수 있었어요. 직원들은 빌에게 아이디어를 보냈고, 빌은 그 아이디어를 보고 사업성이 있는지 검토했지요. 이런 방법을 마이크로소프트사에서는 셰어포인트라고 해요. 그러니까 셰어포인트는 마이크로소프트사의 5만 명이나 되는 직원들의 아이디어를 관장하는 온라인 창구인 셈이에요.

빌은 매년 '싱크 위크(생각하는 주간)'를 정해 놓고 휴가를 내어 직원들이 작성한 보고서를 읽고 생각을 정리한답니다.

또한 빌은 능력 있는 인재를 소중히 여겼어요. 마이크로소프트사의 면접시험은 까다롭기로 유명하지요. 빌은 면접 때 엉뚱한 질문을 던져 사람들을 당혹하게 했어요.

이런 모든 노력으로 마이크로소프트사는 컴퓨터 시장에서 내내 선두를 달릴 수 있었어요.

빌 게이츠는 늘 변화하려고 노력했어요. 자신이 처한 상황이 좋든 나쁘든 늘 앞으로 나아가려 했지요. 그래서 직원들에게도 무리하게 일을 시키곤 했어요. 하지만 그에 따른 보상도 철저했다고 해요.

가전제품 박람회 행사장에서 미국의 기타리스트 슬래시와 함께 연주를 하는 빌 게이츠. 마이크로소프트사는 편한 옷차림으로 자유롭게 일하는 직장으로도 널리 알려져 있어요.

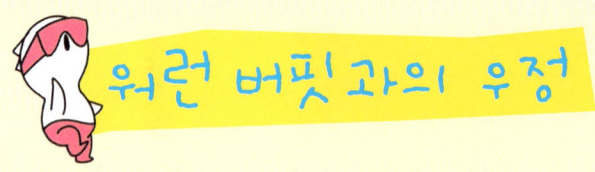
워런 버핏과의 우정

"이보게, 빌. 그동안 잘 있었나?"

"아니 워런, 연락도 없이…… 정말 오랜만입니다."

워런 버핏은 오랜만에 빌 게이츠를 찾아왔어요. 워런 버핏은 세계에서 두 번째로 큰 부자예요. 미국 유수 기업들의 최대 주주이자 세계 최대의 투자가지요. 워런이 금융계에서 이룩한 성과는 실로 놀라운 것이었어요. 40년 동안 연 평균 22퍼센트의 수익률을 올렸지요. 또한 워런은 버크셔 해서웨이사를 물려받아 무려 4,000배나 성장시킨 놀라운 기록을 가지고 있어요.

워런은 빌의 오랜 친구였어요. 빌보다 스물다섯 살이나 많았지만, 둘은 함께 여행도 가고 여러 가지 문제를 논의하는 등 두터운 우정을 나누었어요.

빌은 워런을 우연한 기회에 만났어요. 세계에서 가장 큰 부자인 두 사람은 잡지사에서 처음 마주쳤는데, 만나자마자 친해졌어요. 둘은 비슷한 점이 많았어요. 돈이 많지만 검소하고, 농담을 좋아하고, 재미있는 게임을 즐기지요. 그리고 빌과 워런은 서로의 생각을 존중했어요.

그런데 오늘 연락도 없이 갑자기 워런이 빌을 찾아온 거예요.

"무슨 급한 일이기에 여기까지 직접 오셨어요?"

"실은 자네한테 부탁할 게 있어서 왔네."
 빌은 무슨 부탁인지 궁금했어요.
"예전부터 말했듯이 내 재산을 사회에 되돌려 주려 하네. 이제 나도 늙었으니까. 그리고 자네라면 내 재산을 맡길 수 있을 것 같네. 부디 내 돈을 맡아 좋은 일에 써 주게나."
 워런은 빌이 자선 재단을 만들었다는 소식을 듣고 그곳에 기부하려고 찾아온 것이었어요. 빌은 자기를 믿고 큰돈을 기부하겠다고 한 워런이 무척 고마웠어요.
 이렇게 해서 금융계의 큰손인 워런은 빌&멜린다 게이츠 재단에 300억 달러라는 어마어마한 액수를 기부하게 돼요. 빌 부부는 감사의 뜻으로 워런을 빌&멜린다 게이츠 재단의 이사로 임명했답니다.
 이 일로 매스컴에서는 난리가 났어요. 그래서 빌과 워런은 기자회견을 열었어요.
"수많은 자선단체 중에 왜 하필이면 빌&멜린다 게이츠 재단을 선택하셨나요?"
"빌은 내 재산을 맡길 수 있을 만큼 뛰어난 사업가 아니오! 그리고 나보다도 부자지 않소!"
 사실 워런은 빌에게 자선사업의 중요성을 일깨워 준 사람이에요. 그는 빌에게 아프리카나 개발도상국 아이들이 굶어 죽고 있다는 자료를 보여 주었어요. 세계 곳곳에서 벌어지는 비참한 상황에 대해서도 얘기해 주었어요. 덕분에 빌은 자신이 그들에게 어떤 도움을 줄

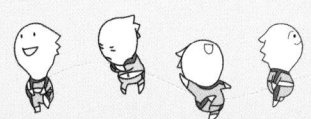

2001년 워런 버핏과 빌 게이츠가 만나고 있어요.
세계 최고의 부자인 빌 게이츠와 워런 버핏은
자신의 재산을 기부해 많은 사람들을 놀라게 했어요.

수 있을까 고민하게 되었지요.

　세계 최고의 부자인 빌 게이츠와 워런 버핏은 '노블레스 오블리주'를 직접 실천했어요. 노블레스 오블리주는 경제적으로 부유한 사람들이 사회를 위해 자신의 부를 나눈다는 뜻이지요. 사실 돈이 많아도 자선사업을 하기란 쉽지 않아요. 빌은 늘 자신의 도움이 필요한 곳을 찾아가 도움을 주었어요. 노블레스 오블리주가 무엇인지를 보여 준 것이지요.

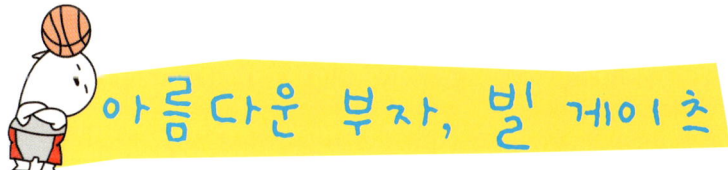

아름다운 부자, 빌 게이츠

　빌 게이츠의 집은 미국 워싱턴 주 시애틀 외곽의 호숫가에 자리 잡고 있어요. 9,700만 달러를 들여 만든 어마어마한 대저택으로, 집 안 곳곳에는 최첨단 장비가 설치되어 있어요. 수영장 물속에서도 음악을 들을 수 있고, 빌이 집에 들어서면 듣고 싶은 음악이 흘러나오지요. 그뿐인가요. 빌이 퇴근할 때쯤이면 목욕물도 데워진답니다.
　빌은 호수가 한눈에 바라보이는 식당, 자동차 100대를 주차할 수 있는 주차장, 일곱 개의 침실과 스물네 개의 화장실이 갖춰진 집에서

아내, 아이들과 함께 행복하게 살고 있어요.

모든 것을 가진 빌은 이제 새로운 꿈을 실현하려 하고 있어요. 바로 자신이 번 돈을 세상과 나누려는 꿈이지요. 빌이 이런 생각을 하게 된 데는 여러 가지 이유가 있어요. 하지만 가장 큰 이유는 부모님 때문이랍니다.

빌이 성공을 거둬 온 세상에 이름이 알려졌을 때였어요. 아버지는 빌을 불러 말했지요.

"얘야, 너는 네 꿈을 이루었고 많은 돈을 벌었다. 네가 돈을 벌 수 있었던 것은 사회가 있었기 때문에 가능했어. 그러니 이제는 네가 사회에 그 돈을 돌려줘야 한다."

빌은 아버지의 말씀을 가슴 깊이 새겨들었어요. 빌은 자선사업을 하는 어머니를 보고 언젠가 자신도 그렇게 살아야겠다고 다짐했거든요. 따라서 빌 게이츠의 왕성한 자선 활동은 단지 돈이 많아서 하는 행위라기보다 부모님이 물려준 '위대한 유산'인 셈이에요. 돈이 많다고 모두 자선 활동을 하는 건 아니기 때문이지요. 그의 어머니는 1994년 아들의 결혼식 전날 며느리 멜린다에게 이런 편지를 썼다고 해요.

'너희 두 사람이 이웃에 대해 특별한 책임감을 느낀다면 세상을 좀 더 살기 좋게 바꿀 수 있을 것이다.'

빌은 이미 아내 멜린다와 함께 빌&멜린다 게이츠 재단을 세워 아프리카의 굶주린 아이들을 돕고 있었어요. 그것을 시작으로 빌은 본격적으로 자선사업에 뛰어들어야겠다고 결심하게 돼요.

2008년 빌 게이츠는 스위스 다보스 세계경제포럼 기조연설에서 기업에게 복지의 의무를 주장하는 창조적 자본주의를 주창했어요.

그래서 빌은 마이크로소프트사의 경영을 친구인 스티브 발머에게 넘기고 회사 업무에서 완전히 손을 뗐어요. 회사 일을 그만둔 데는 그만한 이유가 있었어요. 단순히 돈만 내는 것이 아니라 적극적으로 자선 활동에 참여하기 위해서였어요. 이렇게 해서 그는 빌&멜린다 게이츠 재단을 운영하는 데만 전념하게 돼요.

빌은 학교와 도서관을 지원하고 말라리아와 에이즈를 없애기 위해 자선기금을 내놓았어요. 또한 자신의 고향인 시애틀 시의 노숙자들에게 집을 만들어 주었지요. 이로 인해 1,500명 이상의 노숙자들이 포근한 잠자리를 갖고 가족들과 함께 살 수 있게 되었어요. 그뿐만이 아니에요. 5년에 걸쳐 개발도상국 아이들의 질병 예방 사업에 1억 달러를 내놓았답니다.

또 재단으로 들어온 각종 제안을 일일이 검토하고 직접 결정해요. 재단의 도움이 필요한 나라는 1년에 한 번씩 직접 찾아가고 있지요. 그런 그의 곁에는 늘 아내 멜린다가 있답니다.

빌 게이츠가 자선사업가로 제2의 인생을 살자 사람들은 '나눔의 역사'를 이루었다고 칭찬했어요.

빌 게이츠는 어린 시절부터 자선사업을 하는 어머니를 보고 깊은 감명을 받았어요. 자선사업이야말로 세상에서 자신이 해야 할 '진짜 일'이라고 생각했지요. 이렇게 빌 게이츠는 돈을 버는 법과 나누는 법을 아는 진정한 부자예요.

빌 게이츠 따라 하기

이 세상 모든 사람들은 누구나 자신만의 재능을 지니고 있답니다.
학과 공부를 잘하는 사고 능력만이 재능은 아니랍니다.
사고 능력 외에도 창의력, 감성 능력이 모두 재능이지요.
어떤 사람은 사고 능력보다 감성 능력이 앞서고,
다른 사람은 창의력이 앞설 수 있답니다.
성공한 사람들은 자신의 재능과 적성을 잘 계발했다는 공통점이 있어요.
수학을 좋아했던 빌 게이츠는 어릴 때부터 컴퓨터에 빠져 살았어요.
컴퓨터 프로그래밍이라는 자신의 재능을 살리려
대학을 중퇴하고 사업에 뛰어들었지요.
자신이 하고 싶은 일에 몰두해 성공한 빌 게이츠를 따라 해 봐요.

나만의 성공 멘토 찾기

빌 게이츠는 어려서부터 자신의 재능을 알고 자신만의 확고한 꿈을 키워 큰 성공을 이룰 수 있었어요. 여러분도 자신이 하고 싶은 분야에서 빌 게이츠 같은 성공 멘토를 찾아 아래에 적어 보세요.

이름 : 빌 게이츠
출생 : 1955년 10월 28일(미국)
특징 : 세계 최고의 기업가

재능 빌 게이츠는 열세 살 때부터 컴퓨터 프로그램을 만들 정도로 컴퓨터 분야에 뛰어난 재능을 보였고, 프로그램 개발을 위해 자신의 시간을 모두 투자할 정도로 컴퓨터를 좋아했다.

꿈 미래에 개인용 컴퓨터가 모든 업무에 중요한 도구로 자리 잡을 것임을 예상하고 컴퓨터 회사를 만들겠다고 다짐했다.

실천 대학교에 진학한 뒤에도 컴퓨터 프로그램 개발에 꾸준히 도전하여 새로운 프로그램을 만들었다. 꿈을 이루기 위해 어떠한 도전도 두려워하지 않고 스무 살에 컴퓨터 회사를 설립했다.

이름 :
출생 :
특징 :

재능

꿈

실천

빌 게이츠처럼 책을 읽어요!

빌 게이츠는 '오늘날의 나를 만든 것은 동네 도서관이다'라고 말할 정도로 책을 무척 좋아했어요. 여러분도 빌 게이츠처럼 책을 읽고 독서 카드를 만들어 보세요.

💚 제목 : _____

💜 읽은 날짜 : _____

🧡 등장인물 : _____

❤️ 상상되는 등장인물의 얼굴을 그려 보세요.

💚 인상 깊었던 내용은 무엇인가요?

_____

_____

❤ 책 줄거리를 일어난 순서대로 간략하게 적어 보세요.

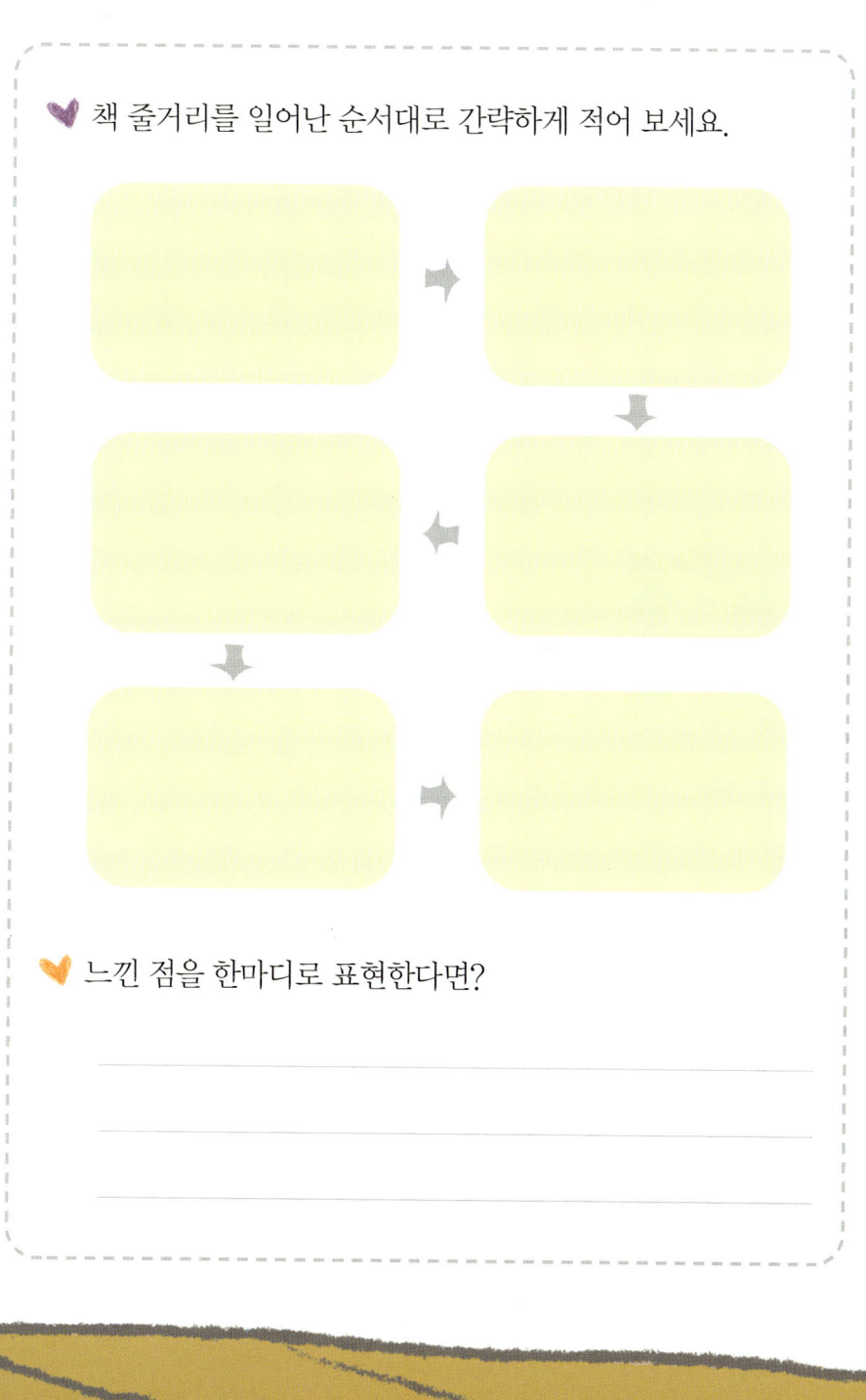

🧡 느낀 점을 한마디로 표현한다면?

나와 같은 관심을 가진 친구 찾기

학창 시절부터 컴퓨터를 좋아하여 우정을 쌓은 빌 게이츠와 폴 앨런은 훗날 마이크로소프트사를 함께 창업하게 됩니다. 여러분도 자신과 같은 일에 관심을 가지고 있는 친구를 찾아보세요. 같이 어떤 일을 하고 싶은가요?

책을 좋아하고 컴퓨터 프로그램을 매우 좋아함.
빌 게이츠

컴퓨터 프로그램을 만드는 데 매우 큰 관심이 있음.

폴 앨런

 어떤 일을 하고 싶은가요?

컴퓨터 프로그램 회사를 세우고 싶어 함.
서로 협력하여 '알테어용 베이직 프로그램'을 개발하고
훗날 마이크로소프트사를 공동 설립함.

자신의
사진을
붙이세요.

친구의
사진을
붙이세요.

 어떤 일을 하고 싶은가요?

미래의 컴퓨터는 어떤 모습일까요?

빌 게이츠는 열세 살 때 컴퓨터를 처음 접한 뒤 미래의 컴퓨터를 상상했어요. 그래서 훌륭한 프로그램을 개발할 수 있었지요. 여러분이 생각하는 미래의 컴퓨터는 어떤 모습인가요?

빌 게이츠는 컴퓨터가 점점 작아져서 보통 사람들도 사용할 수 있는 개인용 컴퓨터 시대가 올 거라 예측하고 컴퓨터 프로그램인 윈도 시리즈를 개발했답니다.

♥ 자신이 생각하는 미래의 컴퓨터는 어떤 장점이 있나요?
  예) 사람 몸에 부착할 정도로 크기가 작고 가볍다.

♥ 자신이 생각하는 미래의 컴퓨터를 그려 보세요.

규칙 찾기

빌 게이츠처럼 논리수학지능이 뛰어난 사람들은 사물의 규칙을 찾는 능력이 매우 탁월합니다. 여러분도 사물의 규칙을 찾아보세요.

규칙 찾기 1단계

어떤 규칙이 있나요?

2 ⟶ 3 ⤵ 2 ⤵ 1 ⟶ 2

알맞은 말에 체크하세요.

⟶ 는 1을 (더하고, 빼고)   ⤵ 는 1을 (더한다, 뺀다)

| 1 | 3 | 5 | 7 | 9 | 11 | 13 | 15 | 17 | 19 |

어떤 규칙이 있나요?

♥ 아래 숫자의 규칙을 찾아보고
규칙에 맞으면 ○, 틀리면 ×를 적어 보세요.

규칙 찾기 2단계

32	54	32
41	25	25
34	24	34
22	44	22

예) ○

어떤 규칙이 있는지 적고,
× 표시한 수를
규칙에 맞게 고쳐 보세요.

52	55	30
72	32	58
63	74	33
65	52	14

어떤 규칙이 있는지 적고,
× 표시한 수를
규칙에 맞게 고쳐 보세요.

기획 _ C*lancer 방송기획·제작, 출판기획, 캐릭터 기획·개발, 삽화·애니메이션 기획·개발 등 콘텐츠를 기획하고 개발하는 전문업체이다. 현재 MBC 〈재능 무한대〉를 제작·방송 중이다.

글 _ 이여신 이화여자대학교 사학과를 졸업했다. 저서로는 《미래를 열어주는 세계 역사박물관》 《특목고 엄마들》 《어린이를 위한 고대문명사》 등이 있다.

만화 _ 김인호 2003년 데뷔해 그동안 펴낸 책으로는 《군바리와 고무신》 《럽스토리 1, 2》 《사랑해 그리고 기억해 1, 2》 등이 있다.

만화 스토리 _ 유경원 만화 이야기 작가. '크레이지 아케이드' 시리즈, 《이현세의 한국사 바로보기-조선시대》 등 다수의 만화 스토리를 작업했다.

위인들의 재능 이야기 24
컴퓨터의 황제 빌 게이츠

1판 1쇄 인쇄 2011년 1월 13일
1판 1쇄 발행 2011년 1월 20일

기획 | mbc · C*lancer
글 | 이여신
만화기획 | 동아사이언스
만화 | 김인호

재능지도, 액티비티 기획·개발·제공 | C*lancer
시리즈 타이틀, 캐릭터, 삽화 제공 | C*lancer

사진 | 동아일보 · Rexfeatures · 연합뉴스 · eyedeaphoto

발행인 | 김재호
편집인 | 이재호
출판팀장 | 안영배

편집 | 한미화
아트디렉터 | 윤상석
디자인 | 박은경
마케팅 | 이정훈 · 유인석 · 정택구 · 이진주
인쇄 | 중앙문화인쇄

펴낸곳 | 동아일보사
등록 | 1968.11.9(1-75)
주소 | 서울시 서대문구 충정로3가 139번지(120-715)
마케팅 | 02-361-1030~3 팩스 02-361-1041
편집 | 02-361-1035 팩스 02-361-0979
홈페이지 | http://books.donga.com

저작권 Copyright ⓒ 2011 mbc · C*lancer
Copyright ⓒ 2011 이여신 · 김인호
이 책은 저작권법에 의해 보호받는 저작물입니다.
저자와 동아일보사의 서면 허락 없이 내용의 일부를 인용하거나 발췌하는 것을 금합니다.

ISBN 978-89 7090-836-6 73810
값 10,000원